Les grandes migrations de l'humani

? *Quelles sont les étapes du peuplement de la terre par l'homme ?*

Je définis

Une **migration** est un déplacement d'une population d'une région à une autre.

Je définis

La **Préhistoire** est la période avant l'inventio… environ 3 millions d'années avec l'apparition … et de leurs premiers outils.

Document Les premières grandes migrations de l'humanité au cours de la Préhistoire

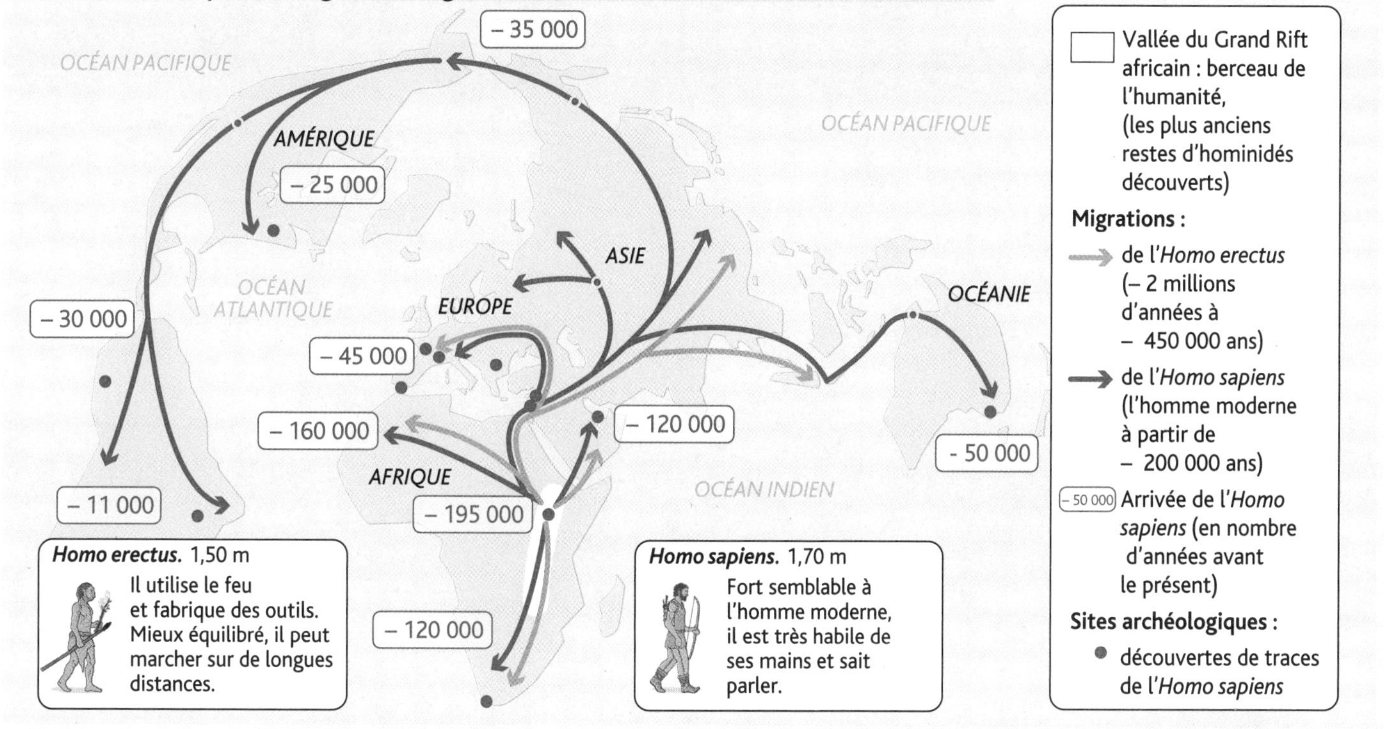

Homo erectus. 1,50 m
Il utilise le feu et fabrique des outils. Mieux équilibré, il peut marcher sur de longues distances.

Homo sapiens. 1,70 m
Fort semblable à l'homme moderne, il est très habile de ses mains et sait parler.

Vallée du Grand Rift africain : berceau de l'humanité, (les plus anciens restes d'hominidés découverts)

Migrations :

- de l'*Homo erectus* (– 2 millions d'années à – 450 000 ans)
- de l'*Homo sapiens* (l'homme moderne à partir de – 200 000 ans)

– 50 000 Arrivée de l'*Homo sapiens* (en nombre d'années avant le présent)

Sites archéologiques :

- découvertes de traces de l'*Homo sapiens*

1 Quelle est la nature du document ? Coche la bonne réponse.

Le document est :

○ un texte ○ une photographie ○ une carte.

2 Quel est le thème du document ? Utilise son titre pour répondre.

....

....

3 Sur quel continent se trouve le berceau de l'humanité ?

....

4 Sur la carte et en légende, colorie en vert la région où les plus anciens restes d'hominidés ont été retrouvés.

5 Quelles sont les plus anciennes migrations ? De quand datent-elles ?

....

....

6 Quand l'*Homo sapiens* a-t-il commencé ses migrations ?

....

7 Qu'est-ce qui montre que l'*Homo sapiens* a progressivement peuplé toute la Terre ?

....

....

Je définis

Les **hominidés** sont l'ensemble des primates qui marchent sur deux jambes, fabriquent des outils et ont une vie sociale. Ce groupe comprend l'homme actuel, ses ancêtres disparus ainsi que les gorilles et les chimpanzés.

Je m'évalue

Socle 1, 2	Comprendre un document	→ 1 2 3	○	○	○	○
Socle 1, 2, 5	Se repérer dans le temps et dans l'espace	→ 4 5 6	○	○	○	○
Socle 1, 2, 5	Pratiquer différents langages en histoire	→ 7	○	○	○	○
Socle 1	Maîtriser le vocabulaire	→ *Je définis*	○	○	○	○

© Hatier, Paris, Mai 2016, ISBN : 978-2-401-02007-8

La « révolution néolithique »

Fiche 2

? *Qu'est-ce que la révolution néolithique ? Où et quand a-t-elle eu lieu ?*

Le **Néolithique** est une période de la Préhistoire. Le terme signifie « pierre nouvelle » en grec. Il succède à la période dite de la « pierre ancienne », le Paléolithique.

Document 1 Les grands foyers de la « révolution néolithique » à partir de – 10 000 ans

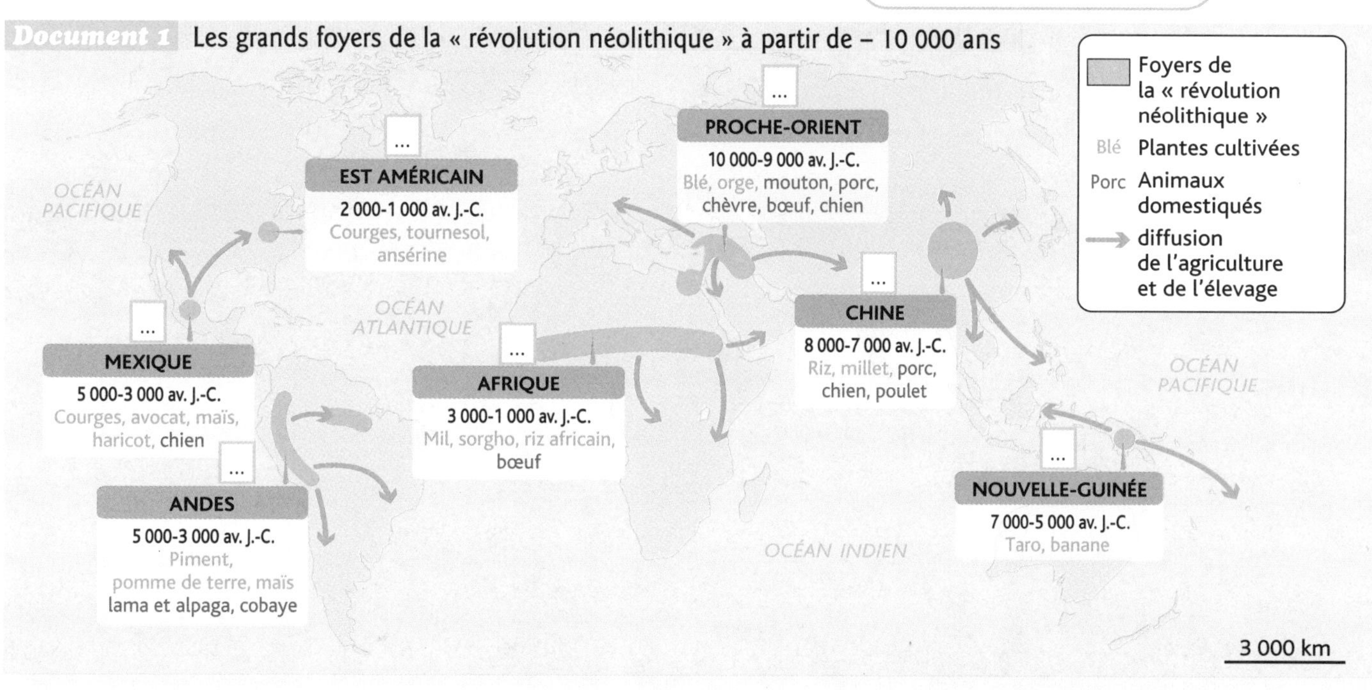

1 Quels sont la nature et le thème du document 1 ?

....

....

2 Quelle est la nature du document 2 ? Coche la bonne réponse.

Le document est :
○ un texte extrait d'un livre ○ un texte extrait d'un article de journal ○ un texte extrait d'une encyclopédie.

3 Quel est le thème du document 2 ? Utilise le titre pour répondre.

....

Document 2 La naissance de l'agriculture au Néolithique

« [Au Néolithique,] Homo sapiens s'aperçoit que des plantes possèdent des graines qui donnent naissance à d'autres plantes. Il se met à semer lui-même ces graines. L'agriculture est née. Il domestique aussi les animaux (vaches, moutons...) pour leur viande, leur lait, leur peau, leur laine... L'homme ne se nourrit plus seulement de chasse et de cueillette. Il produit sa nourriture lui-même [et] cesse de se déplacer, il devient sédentaire. Les premiers villages, les premières villes apparaissent... Pour cultiver la terre et élever des animaux, il invente de nouveaux outils comme la houe (une pioche avec une large lame), la meule pour moudre les grains... »

D'après le supplément au *Journal des Enfants*, 3 février 2012.

Je définis
Être **sédentaire**, c'est habiter un lieu fixe (le contraire d'être nomade).

4 Sur la carte, numérote de 1 à 6 les foyers de la « révolution néolithique » du plus ancien au plus récent.

5 Où et quand est apparu le foyer le plus ancien ? ....

6 Dans la légende de la carte, entoure les deux activités qui se sont diffusées à partir de ces foyers.

7 Dans le texte, souligne les trois activités que l'homme développe au Néolithique.

8 Qu'est-ce qui change au Néolithique dans le mode de vie et l'habitat de l'homme ? ....

Je m'évalue

Socle 1, 2	Comprendre un document	→ 1 2 3 7 8	○	○	○	○
Socle 1, 2, 5	Se repérer dans le temps et dans l'espace	→ 4 5	○	○	○	○
Socle 1, 2, 5	Pratiquer différents langages en histoire	→ 6	○	○	○	○
Socle 1	Maîtriser le vocabulaire	→ *Je définis*	○	○	○	○

Premiers États et premières écritures

Où et quand sont apparus les premiers États et les premières écritures ?

1 Sur le document 1, écris au bon endroit les mots :
titre • légende.

2 Présente le document 1 (nature et thème) en rédigeant une phrase.

....

....

....

....

....

....

3 D'après la légende de la carte, dans quelle région sont apparues les premières cités-États ? Écris ce nom dans la case correspondante sur la carte.

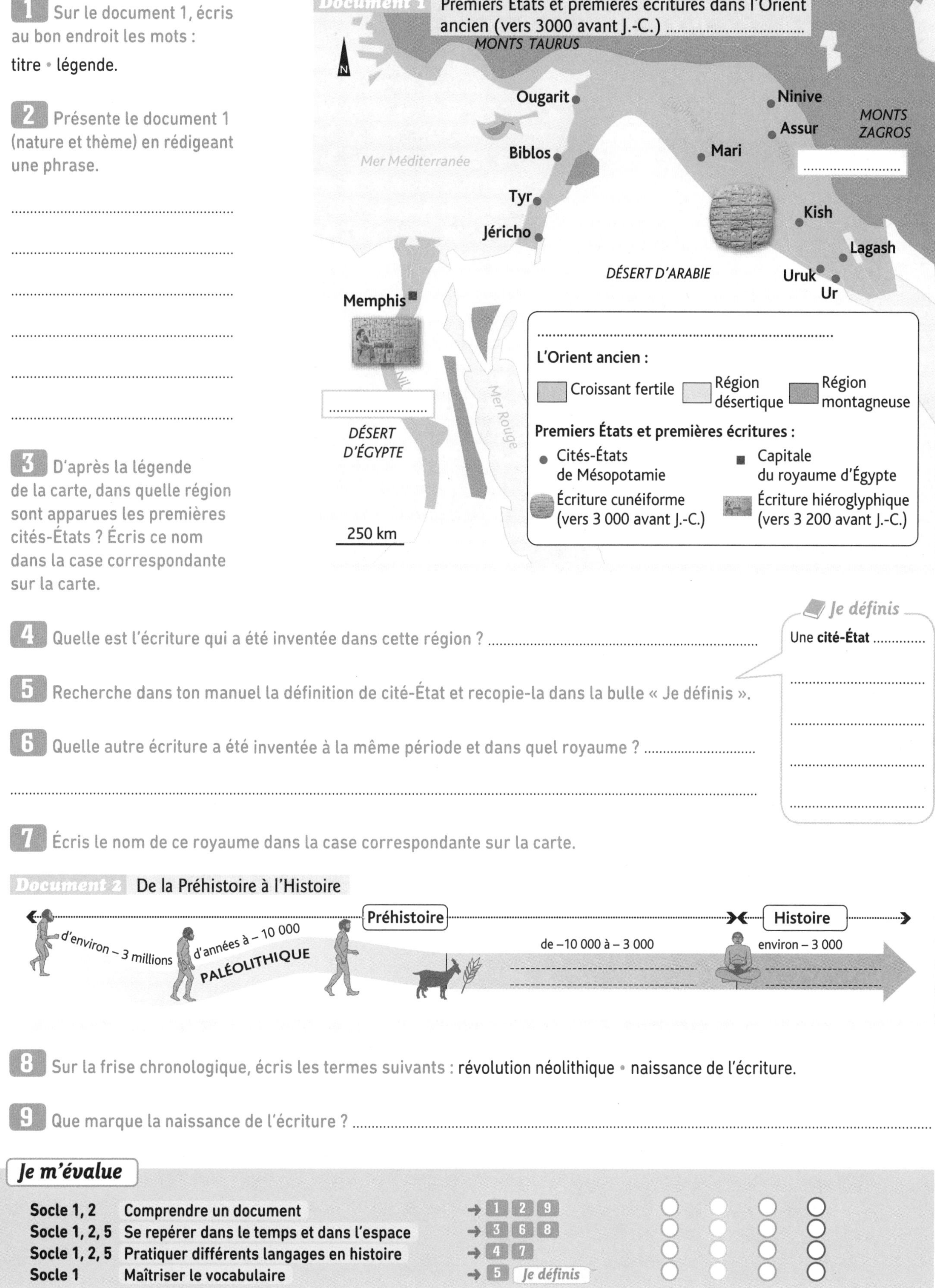

4 Quelle est l'écriture qui a été inventée dans cette région ? ....

5 Recherche dans ton manuel la définition de cité-État et recopie-la dans la bulle « Je définis ».

6 Quelle autre écriture a été inventée à la même période et dans quel royaume ? ....

....

Je définis

Une **cité-État** ....

7 Écris le nom de ce royaume dans la case correspondante sur la carte.

Document 2 De la Préhistoire à l'Histoire

8 Sur la frise chronologique, écris les termes suivants : révolution néolithique • naissance de l'écriture.

9 Que marque la naissance de l'écriture ? ....

Je m'évalue

Socle 1, 2	Comprendre un document	→ 1 2 9	○	○	○	○
Socle 1, 2, 5	Se repérer dans le temps et dans l'espace	→ 3 6 8	○	○	○	○
Socle 1, 2, 5	Pratiquer différents langages en histoire	→ 4 7	○	○	○	○
Socle 1	Maîtriser le vocabulaire	→ 5 *Je définis*	○	○	○	○

L'univers culturel des grecs

Fiche 4

Quels éléments forment l'univers culturel des Grecs ?

1 Quel est le thème du document ?

....

2 Chaque illustration s'accompagne d'une explication décrivant l'élément culturel dont il témoigne. Écris dans les bonnes cases les éléments de la liste suivante :

théâtre, mythologie • alphabet, langue • sanctuaire panhellénique • poèmes homériques • temple, religion polythéiste.

3 Souligne dans le document :

- ce que les Grecs ont ajouté à l'alphabet phénicien ;
- le nom des deux œuvres poétiques attribuées à Homère ;
- de quoi s'inspirent les pièces jouées dans les théâtres grecs.

4 « Tous les Grecs partagent une culture commune. » Justifie cette affirmation à l'aide d'exemples.

....

....

....

5 @ Va sur le site http://www.olympic.org/fr/jeux-olympiques-antiquite et recherche le nom de trois épreuves sportives de l'antiquité.

....

....

6 @ Consulte le site https://fr.vikidia.org/wiki/Antigone. D'après le résumé de ce mythe, pourquoi Antigone

doit-elle mourir ? ....

....

7 Ce mythe d'Antigone a inspiré les auteurs de théâtre depuis l'Antiquité. Recherche :

– le nom de l'auteur antique qui a en écrit la première version

(en 441 av. J.-C.) : ....

– le nom de l'auteur moderne

qui a créé sa version en 1944 : ....

Je définis

Un **sanctuaire panhellénique** est un lieu consacré à un dieu et entretenu par l'ensemble des cités grecques.

Document Cinq composantes de la culture commune des Grecs anciens

Il se compose de 24 lettres. Originaire de Phénicie, il est adopté par les Grecs au début du VIIIe siècle av. J.-C. Pour rendre les sonorités de leur langue, les Grecs lui ont ajouté des voyelles.

....

....

HOMÈRE
L'ILIADE
L'ODYSSÉE

Ces poèmes racontent les aventures des héros et des dieux. Ils sont un élément fondamental du mode de pensée des Grecs.

....

....

En l'honneur de Dionysos, dieu du vin, des arts et de la fête, on jouait des pièces inspirées des mythes grecs. Le bâtiment, en forme d'hémicycle, est constitué d'une scène et des gradins.

....

....

Je définis

La **mythologie** est un ensemble de récits des aventures des dieux ou des héros grecs.

Grand bâtiment qui abrite la statue du dieu auquel il est dédié et le trésor de la cité. Les Grecs sont polythéistes : ils croient en de nombreux dieux.

....

....

....

....

Olympie, l'un des plus grands lieux sacrés des Grecs, dédié à Zeus. Des jeux y sont organisés tous les quatre ans, auxquels concourent les athlètes des cités grecques.

Je m'évalue

Socle 1, 2	Comprendre un document	→ 1 2 3	○	○	○	○
Socle 1, 2	Raisonner	→ 4	○	○	○	○
Socle 1, 2	S'informer dans le monde numérique	→ 5	○	○	○	○
Socle 1	Maîtriser le vocabulaire	→ *Je définis*	○	○	○	○

Le monde des cités grecques

Fiche 5

? *Comment est organisé le monde des Grecs ?*

1 Quels sont la nature et le thème du document 1 ?

....

....

2 Sur le document 1, écris dans les bonnes cases les éléments suivants :
port • remparts • campagne • ville.

3 Repasse en noir les limites de la cité.

4 Une cité grecque est un petit État indépendant. Quels sont les deux parties qui la composent ?

....

....

Document 1 La cité, cadre de vie des Grecs

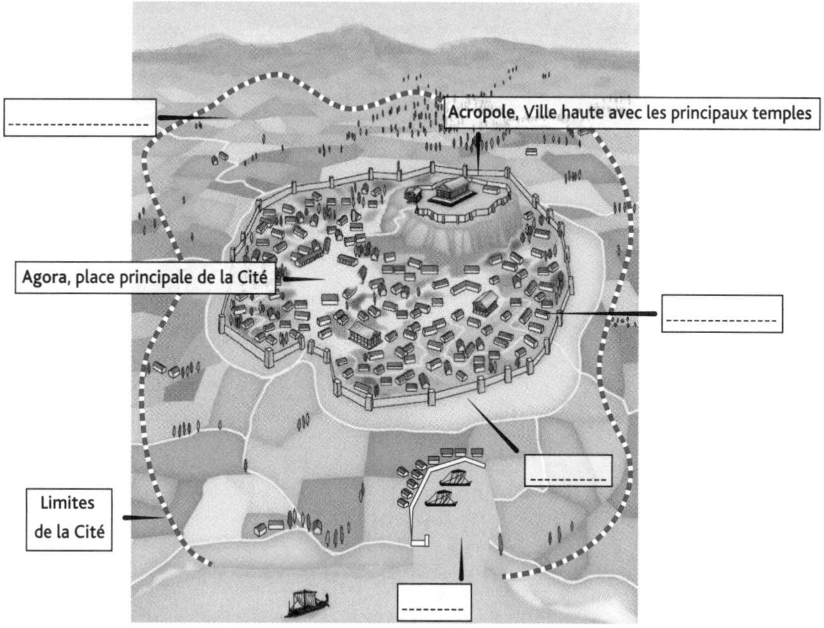

Reconstitution d'une cité grecque.

5 Sur la carte, colorie selon la légende les régions occupées par les Grecs vers 800 avant J.-C.

Document 2 Le monde des cités grecques du VIIIe au VIe siècles avant J.-C.

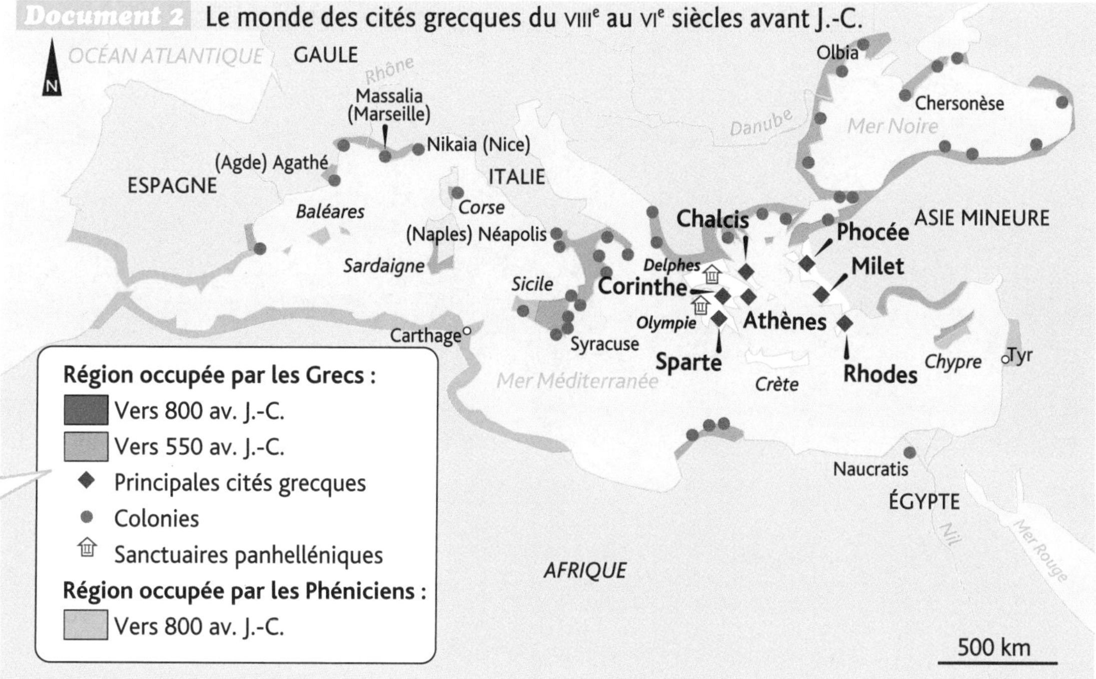

Je définis

Une **colonie** est une nouvelle cité fondée en dehors de la Grèce par les habitants d'une autre cité. Exemple : Massalia fondée par des habitants de Phocée.

6 Qu'est-ce qui montre l'extension du monde grec entre 800 et 550 avant J.-C. ?

....

7 Autour de quelles mers le monde grec s'est-il développé ? ....

Je m'évalue

Socle 1, 2	Comprendre un document	→ 1 4	○ ○ ○ ○
Socle 1, 2, 5	Se repérer dans le temps et dans l'espace	→ 5 6 7	○ ○ ○ ○
Socle 1, 2, 5	Pratiquer différents langages en histoire	→ 2 3	○ ○ ○ ○
Socle 1	Maîtriser le vocabulaire	→ *Je définis*	○ ○ ○ ○

Des cités grecques rivales

? *Comment ces rivalités se manifestent-elles ?*

Je définis

Un **hoplite** est ....

Document 1 Scène de combat entre hoplites de cités rivales

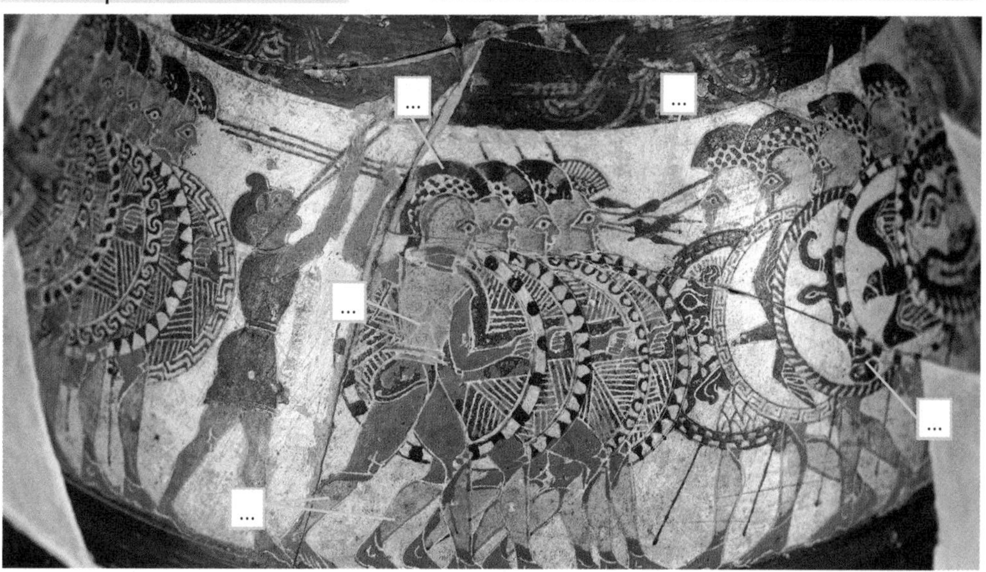

Frise du haut du « Vase Chigi », vase grec vers 640-630 avant J.-C. conservé au musée de la Villa Giulia à Rome.

1 Quelle est la nature du document 1 ? ....

2 Quel est le thème du détail présenté ici ? ....

3 Recherche dans ton manuel la définition de hoplite et recopie-la dans la bulle « Je définis ».

4 Découvre l'armement du hoplite en écrivant sur le document 1 le numéro de chacun des éléments suivants :
❶ cuirasse • ❷ jambières • ❸ casque • ❹ longue lance • ❺ bouclier circulaire.

Document 2 Une guerre entre deux cités rivales

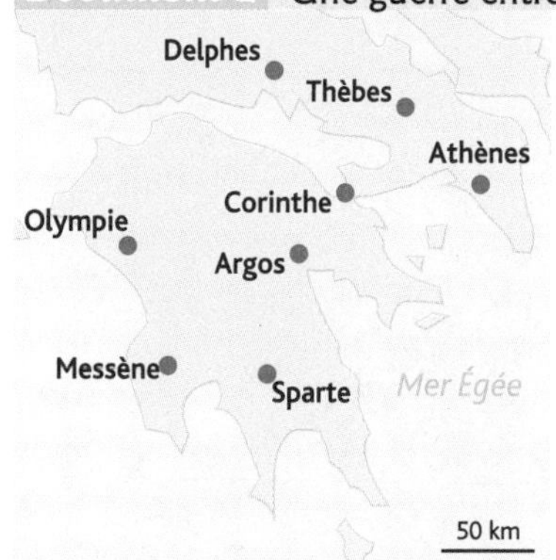

Au VIIe siècle avant J.-C., la cité de Sparte veut s'emparer des terres fertiles de la cité de Messène, une longue guerre les oppose. Le poète spartiate Tyrtée raconte l'épisode suivant.

« Allons, sans tarder, frappons avec ensemble, à coups redoublés et serrons de près les guerriers armés de la lance. Terrible sera le fracas des deux armées opposées, quand les boucliers arrondis heurteront les boucliers ; ils retentiront en tombant les uns sur les autres. Les cuirasses, autour de la poitrine des guerriers, laisseront, à travers leurs déchirures, se répandre, à flots, le sang rouge, et sous le choc des grosses pierres, les casques d'airain sonneront clair. »

D'après Tyrtée, *Élégies*, VIIe s. avant J.-C.

5 Sur la carte du document 2, entoure le nom des deux cités qui s'affrontent.

6 Dans le document 2, entoure la raison de cette guerre et l'époque à laquelle elle a eu lieu.

7 Dans le texte, souligne les passages montrant la violence du combat.

8 À l'aide des documents, imagine que tu es un hoplite d'une cité. Sur ton cahier, raconte une bataille à laquelle tu participes.

Je m'évalue

Socle 1, 2	Comprendre un document	→ 1 2 6 7	○	○	○	○
Socle 1, 2, 5	Se repérer dans le temps et dans l'espace	→ 5	○	○	○	○
Socle 1, 2, 5	Pratiquer différents langages en histoire	→ 4 5 8	○	○	○	○
Socle 1	Maîtriser le vocabulaire	→ 3 Je définis	○	○	○	○

La naissance de la démocratie à Athènes

Fiche 7

? *Quand et comment la démocratie est-elle née à Athènes ?*

Je définis

La **démocratie** est ....

Document 1 Les gouvernements du VIe au IVe siècle avant J.-C.

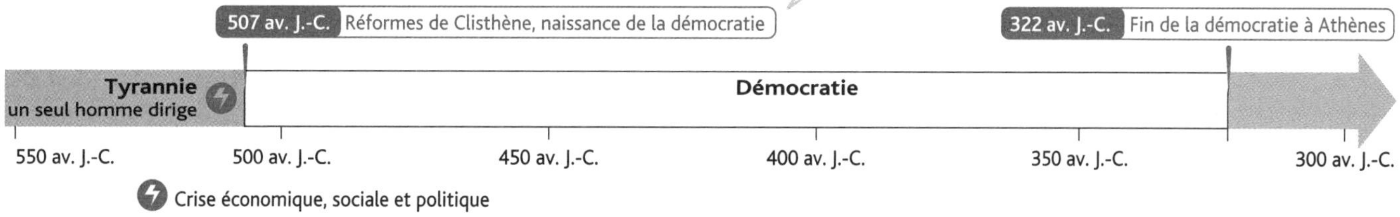

507 av. J.-C. Réformes de Clisthène, naissance de la démocratie

322 av. J.-C. Fin de la démocratie à Athènes

Tyrannie un seul homme dirige — **Démocratie**

550 av. J.-C. — 500 av. J.-C. — 450 av. J.-C. — 400 av. J.-C. — 350 av. J.-C. — 300 av. J.-C.

Crise économique, sociale et politique

1 À l'aide des informations de la frise chronologique, complète le schéma suivant.

1. Qu'est-ce qui provoque la fin de la tyrannie à Athènes ?	2. Qui réforme le mode de gouvernement et quand ?	3. Quel nouveau mode de gouvernement se met en place ?
....	....	....
Cause	Événement	Conséquence

2 Sur la frise, colorie en jaune la période de la démocratie à Athènes. Recherche et recopie sa définition dans la bulle « Je définis ».

3 Selon le document 2, qui vote et prend les décisions à Athènes ?

....

4 De quelle façon un citoyen peut-il être désigné pour siéger à la Boulè et à l'Héliée ?

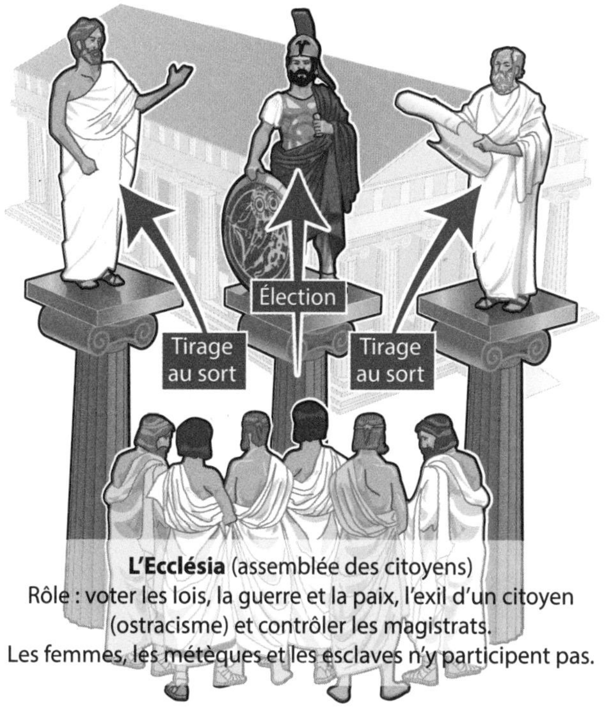

....

....

5 Qui gouverne la cité et comment ces personnes sont-elles désignées ?

....

....

6 Pourquoi dit-on que la démocratie est limitée à Athènes ?

....

....

....

Document 2 Le fonctionnement de la démocratie à Athènes

Je m'évalue

Socle 1, 2	Comprendre un document	→ 3 4 5 6	○ ○ ○ ○
Socle 1, 2, 5	Se repérer dans le temps et dans l'espace	→ 2	○ ○ ○ ○
Socle 1, 2	Raisonner	→ 1	○ ○ ○ ○
Socle 1	Maîtriser le vocabulaire	→ *Je définis*	○ ○ ○ ○

Rome, du mythe à l'Histoire

? *Quelles sont les origines de Rome ?*

Les Romains croyaient à une légende sur les origines de leur ville qui a été racontée au Ier siècle avant J.-C. par les écrivains latins Virgile, dans l'Énéide, et Tite-Live, dans l'Histoire romaine.

1 Dans les documents 1 et 2, entoure le nom des auteurs, leurs fonctions et la date de rédaction de ces textes.

2 D'après le document 1 A, comment les deux jumeaux sont-ils départagés ?

....

....

....

....

....

3 Dans le document 1 A, souligne le nom du fondateur de Rome, le lieu choisi et la date selon la légende.

4 Dans le document 2, souligne en rouge le nom du peuple le plus ancien, son lieu et sa date d'installation attestés par l'archéologie.

5 Entoure en bleu le nom de l'autre peuple qui a aménagé et transformé Rome.

Document 1 Les origines légendaires de Rome selon Tite-Live

Tite-Live évoque la légende des jumeaux Romulus et Remus, qui seraient les descendants lointains du héros troyen Énée, fils d'Anchise et de la déesse Vénus.

A. « C'était aux dieux protecteurs [...] de désigner par des augures[1] celui qui donnerait son nom à la ville. Romulus choisit le Palatin[2] et Remus l'Aventin[2] comme emplacement [...]. Remus obtint, dit-on, un augure : six vautours. Quand le double de vautours se présenta à Romulus. Chacun d'eux fut proclamé roi par son groupe. On discuta, on en vint aux mains et dans la bagarre, Remus tomba, frappé à mort. Romulus resté seul, la ville nouvelle prit son nom [en 753 avant J.-C.]. »

B. « Le récit des événements de la fondation de Rome a été embelli par des fables poétiques. Il ne correspond pas à une vérité bien établie. Mais les temps très anciens ont le privilège de mêler les dieux aux hommes pour expliquer la naissance des villes. Cela donne à ces naissances un caractère plus merveilleux et plus respectable. »

D'après Tite-Live (historien romain), *Histoire romaine*, Ier siècle avant J.-C.

1. Signe divin qui prédit l'avenir. 2. Collines de Rome.

Document 2 Les origines de Rome selon les archéologues

« L'archéologie a révélé que la ville naît au VIIIe siècle avant J.-C., [peuplée de Latins habitant] un groupe de fermes situées sur les collines de Rome dominant le Tibre. À la fin du VIIe siècle avant J.-C., le peuple étrusque prend le contrôle de Rome et commence à faire du village une ville. La vallée du forum est asséchée et transformée en un espace public. Un temple dédié à Jupiter est élevé sur le Capitole[1]. »

D'après Chris Scarre (historien contemporain), *Atlas de la Rome Antique*, éditions Autrement, 2000.

1. Colline de Rome.

6 À l'aide des informations que tu as soulignées dans les deux documents, complète le tableau suivant.

	D'après la légende	D'après l'archéologie
Date de la fondation de Rome	....	....
Fondateurs	....	....
Lieu	....	....

7 D'après le document 1, explique pourquoi les Romains accordent beaucoup de valeur à cette légende et aux origines du fondateur de Rome.

....

....

Je m'évalue

Socle 1, 2	Comprendre un document	→ 1 2 5	○ ○ ○ ○
Socle 1, 2, 5	Se repérer dans le temps et dans l'espace	→ 3 4	○ ○ ○ ○
Socle 1, 2, 5	Pratiquer différents langages en histoire	→ 6	○ ○ ○ ○
Socle 1, 2	Raisonner	→ 7	○ ○ ○ ○

Quelles sont les conquêtes de la République romaine ?

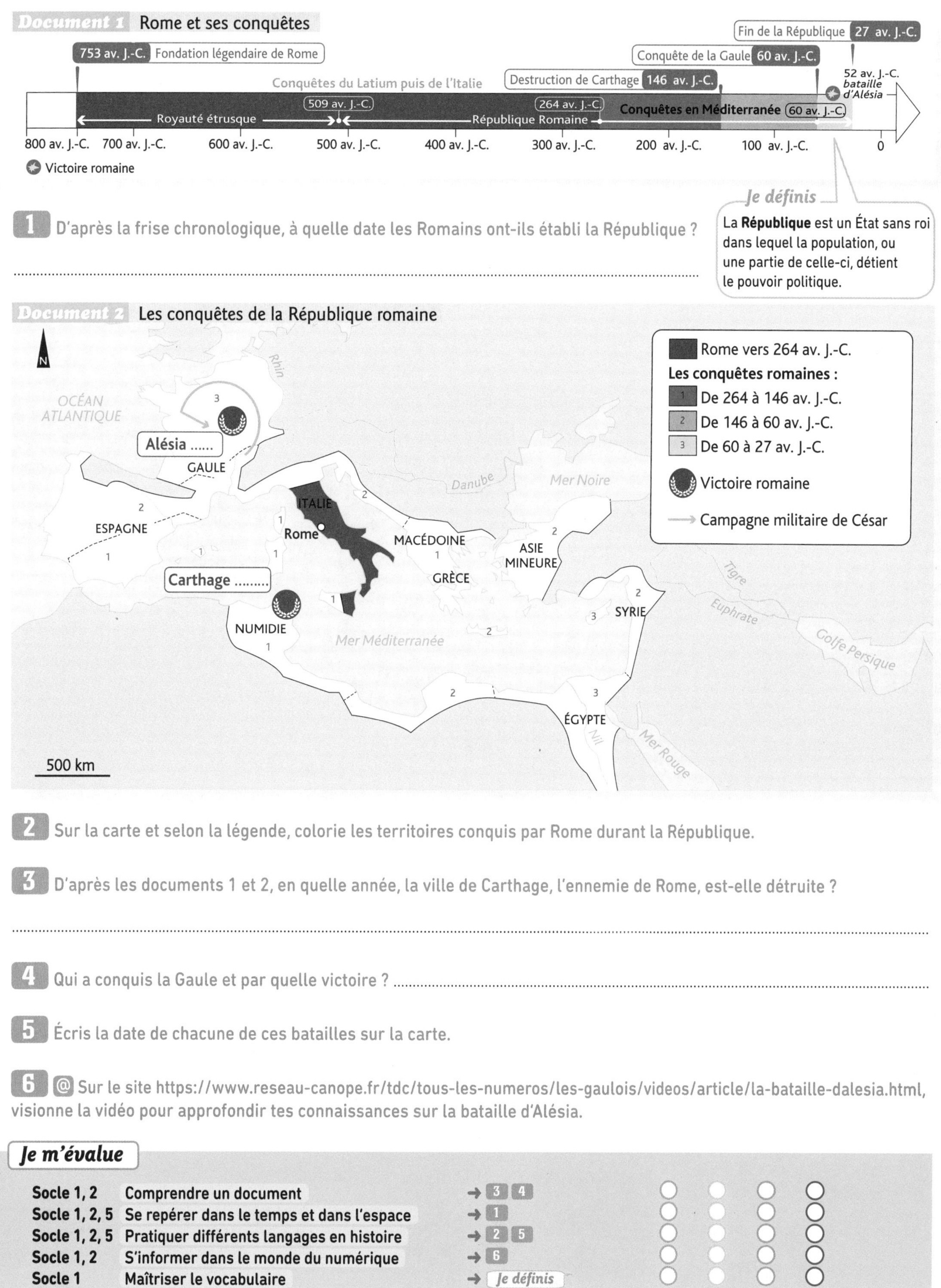

Document 1 Rome et ses conquêtes

Je définis

La **République** est un État sans roi dans lequel la population, ou une partie de celle-ci, détient le pouvoir politique.

1 D'après la frise chronologique, à quelle date les Romains ont-ils établi la République ?

....

Document 2 Les conquêtes de la République romaine

2 Sur la carte et selon la légende, colorie les territoires conquis par Rome durant la République.

3 D'après les documents 1 et 2, en quelle année, la ville de Carthage, l'ennemie de Rome, est-elle détruite ?

....

4 Qui a conquis la Gaule et par quelle victoire ? ....

5 Écris la date de chacune de ces batailles sur la carte.

6 @ Sur le site https://www.reseau-canope.fr/tdc/tous-les-numeros/les-gaulois/videos/article/la-bataille-dalesia.html, visionne la vidéo pour approfondir tes connaissances sur la bataille d'Alésia.

Je m'évalue

Socle 1, 2	Comprendre un document	→ 3 4	○	○	○	○
Socle 1, 2, 5	Se repérer dans le temps et dans l'espace	→ 1	○	○	○	○
Socle 1, 2, 5	Pratiquer différents langages en histoire	→ 2 5	○	○	○	○
Socle 1, 2	S'informer dans le monde du numérique	→ 6	○	○	○	○
Socle 1	Maîtriser le vocabulaire	→ *Je définis*	○	○	○	○

Quels sont les droits et devoirs d'un citoyen romain ?

Sous la République, la citoyenneté romaine concerne les hommes nés de parents citoyens et elle est réservée à une minorité. Progressivement, elle est donnée à l'ensemble des habitants de l'Italie. Les femmes et les esclaves en sont exclus.

Je suis Marcus Caius Tulius, citoyen romain et, à ce titre, je porte la toge. J'ai le droit de vote dans les Comices (assemblées du peuple) et je peux être candidat aux magistratures. J'ai le droit de faire valoir mes droits en justice. Je dispose aussi du droit de propriété protégé par l'État et du droit de me marier.
Mais j'ai aussi des devoirs envers l'État. Je dois me faire recenser, faire mon service militaire, payer l'impôt et participer aux cultes religieux.

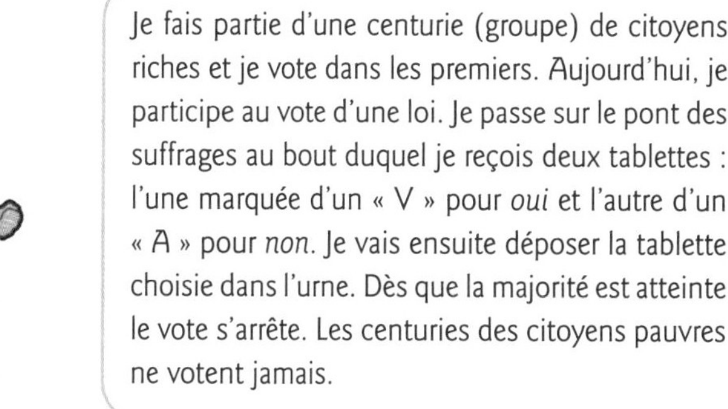

①

②

1 Dans le texte de l'image 1, souligne :
- en vert les droits d'un citoyen romain ;
- en rouge ses devoirs.

2 Quel est le vêtement réservé aux citoyens romains ?

....

....

3 D'après le texte de l'image 2, comment nomme-t-on chaque groupe de citoyens à Rome ?

....

....

....

4 Où le citoyen dépose-t-il son bulletin de vote ?

....

....

5 Quand arrête-t-on le vote ?

....

....

....

6 À l'aide de l'ensemble des documents, pourquoi peut-on dire que l'obtention de la citoyenneté romaine est limitée ?

....

....

....

....

....

7 Dans la République romaine, les citoyens sont-ils égaux ? Justifie ta réponse.

....

....

....

....

....

....

....

Je m'évalue

Socle 1, 2	Comprendre un document	→ 1 2 3 4 5 6	○ ○ ○ ○
Socle 1, 2	Raisonner	→ 6 7	○ ○ ○ ○

Quand et dans quels contextes le monothéisme juif est-il né ?

Je définis
Le **contexte** est l'ensemble des circonstances entourant et éclairant un événement.

Je définis
Le **monothéisme** est la croyance en un seul dieu.

1 Sur la carte, colorie les deux royaumes hébreux selon la légende.

2 Quel royaume est envahi au VIIIe siècle avant J.-C. et par quel peuple ?

....

....

3 Quel royaume subsiste ?

....

4 Selon la frise, quel roi est à l'origine de réformes religieuses et à quoi donnent-elles naissance ?

....

....

Document 1 Les royaumes hébreux au Ier millénaire avant J.-C.

N
Ninive
Assur
MONTS ZAGROS
VIIIe siècle av. J.-C.
ASSYRIE
Mer Méditerranée
Euphrate
MÉSOPOTAMIE
BABYLONIE
Samarie
Jérusalem
Babylone
ÉGYPTE
VIe siècle av. J.-C.
Tigre
Memphis
DÉSERT D'ARABIE
250 km

Les royaumes hébreux du Ier millénaire avant J.-C. :
- Royaume d'Israël
- Royaume de Juda
- ● Capitale

De puissants voisins
- Invasions des Assyriens
- Invasions des Babyloniens
- Exil des Hébreux à Babylone (587-538 av. J.-C.)

722 av. J.-C.
Assyriens
Babyloniens
538 av. J.-C.
Perses
332 av. J.-C.
Grecs
63 av. J.-C.
Romains
INVASIONS
Royaume hébreu unifié
Roy. d'Israël
Roy. de Juda
Les Hébreux écrivent la Bible
Naissance du judaïsme et dispersion
0
1 000 av. J.-C.
Réformes religieuses du roi Josias
Naissance du monothéisme
70 ap. J.-C.
Destruction du Temple

5 Par quel peuple le royaume de Juda est-il envahi ? Au cours de quel siècle ?

....

Je définis
Le **judaïsme** est une religion monothéiste pratiquée par les Juifs, descendants des Hébreux.

6 Entoure sur la carte la ville où les habitants de ce royaume sont emmenés en exil. Repasse en rouge la flèche montrant cet exil.

7 Dans le texte, entoure la période au cours de laquelle la Bible a été rédigée et par qui cela a été fait.

8 Après les réformes de Josias, pourquoi l'exil à Babylone constitue un moment crucial dans l'histoire de cette rédaction ?

....

....

9 Souligne la phrase montrant que la Bible permet aux Judéens de conserver leur identité culturelle et religieuse.

10 Quel est désormais le nom donné à leur religion ?

....

Document 2 La rédaction de la Bible et le début du judaïsme

La Bible des Hébreux a été écrite sur une très longue durée entre la fin du VIIIe et le IIe siècle avant J.-C. Des scribes ont réuni un ensemble de souvenirs historiques, de légendes et de propagande royale.

« *[L'exil des Judéens à Babylone constitue]* un moment crucial dans l'histoire de la rédaction de la Bible. C'est le moment où la Bible a été rédigée comme un ensemble cohérent. Sous peine de se fondre dans [...] l'Empire perse, les Judéens devaient se trouver une nouvelle forme d'identité, définir en quoi ils formaient toujours un peuple et se donner une unité à travers un patrimoine culturel et religieux commun. [C'est le début du judaïsme.] »

D'après F. Briquel- Chatonnet, « La vraie histoire de la Bible », *Les collections de l'Histoire*, hors-série n° 13, octobre 2001.

Je m'évalue

Socle 1, 2	Comprendre un document	→ 7 8 9 10	○	○	○	○
Socle 1, 2, 5	Se repérer dans le temps et dans l'espace	→ 1 2 3 4 5	○	○	○	○
Socle 1, 2, 5	Pratiquer différents langages en histoire	→ 6	○	○	○	○
Socle 1	Maîtriser le vocabulaire	→ Je définis	○	○	○	○

La diaspora juive

Fiche 12

Quelles sont les conséquences de la dispersion des Juifs ?

Je définis
La **diaspora** est la dispersion des Juifs hors de Palestine.

C'est sous la domination romaine que les Juifs ont vu la destruction de leur temple (en 70), et leur expulsion de Jérusalem (en 135). C'est le début de leur dispersion dans l'Empire (*diaspora* en grec).

Document 1 La diaspora juive dans l'Empire romain

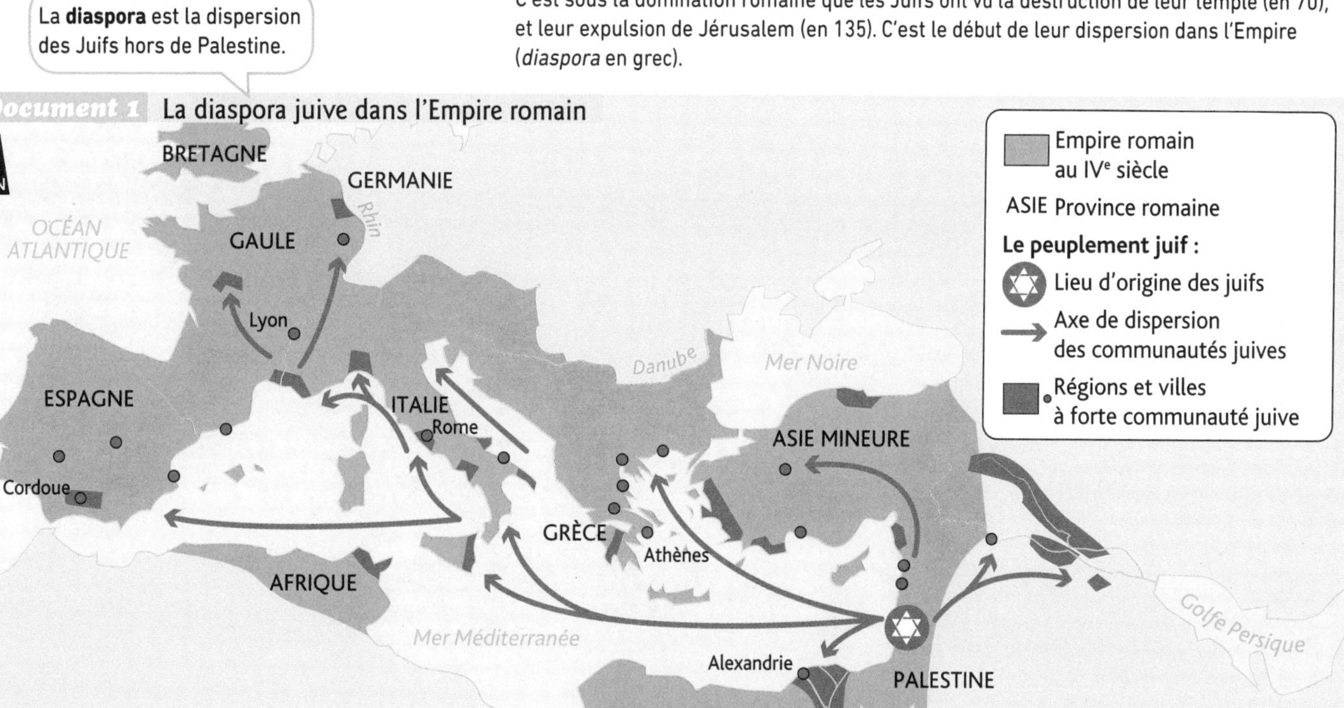

1 Sous la domination de quel empire les Juifs ont-ils été dispersés ?

....

Je définis
La **synagogue** est le lieu de culte des Juifs.

Document 2 Synagogue de Capharnaüm (IIIe siècle)

2 Sur la carte, entoure le nom de la région d'origine du peuple juif.

3 Montre que les communautés juives se sont dispersées dans tout l'Empire.

....

....

4 D'après le document 2, quel nom donne-t-on aux lieux de culte où les Juifs de la diaspora se rassemblent pour prier ?

....

5 Sur l'illustration, place les numéros correspondant aux différents éléments de la synagogue.

❶ Niche contenant l'armoire abritant les rouleaux de la Torah • ❷ Ménorahs (chandeliers à 7 branches) • ❸ Estrade pour lire la Torah • ❹ Rabbin lisant et commentant la Bible • ❺ Jarre pour les ablutions • ❻ Tribune pour les femmes et les enfants.

Je m'évalue

Socle 1, 2, 5	Se repérer dans le temps et dans l'espace	→ 1 2 3	○ ○ ○ ○
Socle 1, 2, 5	Pratiquer différents langages en histoire	→ 4 5	○ ○ ○ ○
Socle 1	Maîtriser le vocabulaire	→ *Je définis*	○ ○ ○ ○

L'Empire romain (1)

Fiche 13

? *Quels sont les pouvoirs de l'empereur ?*

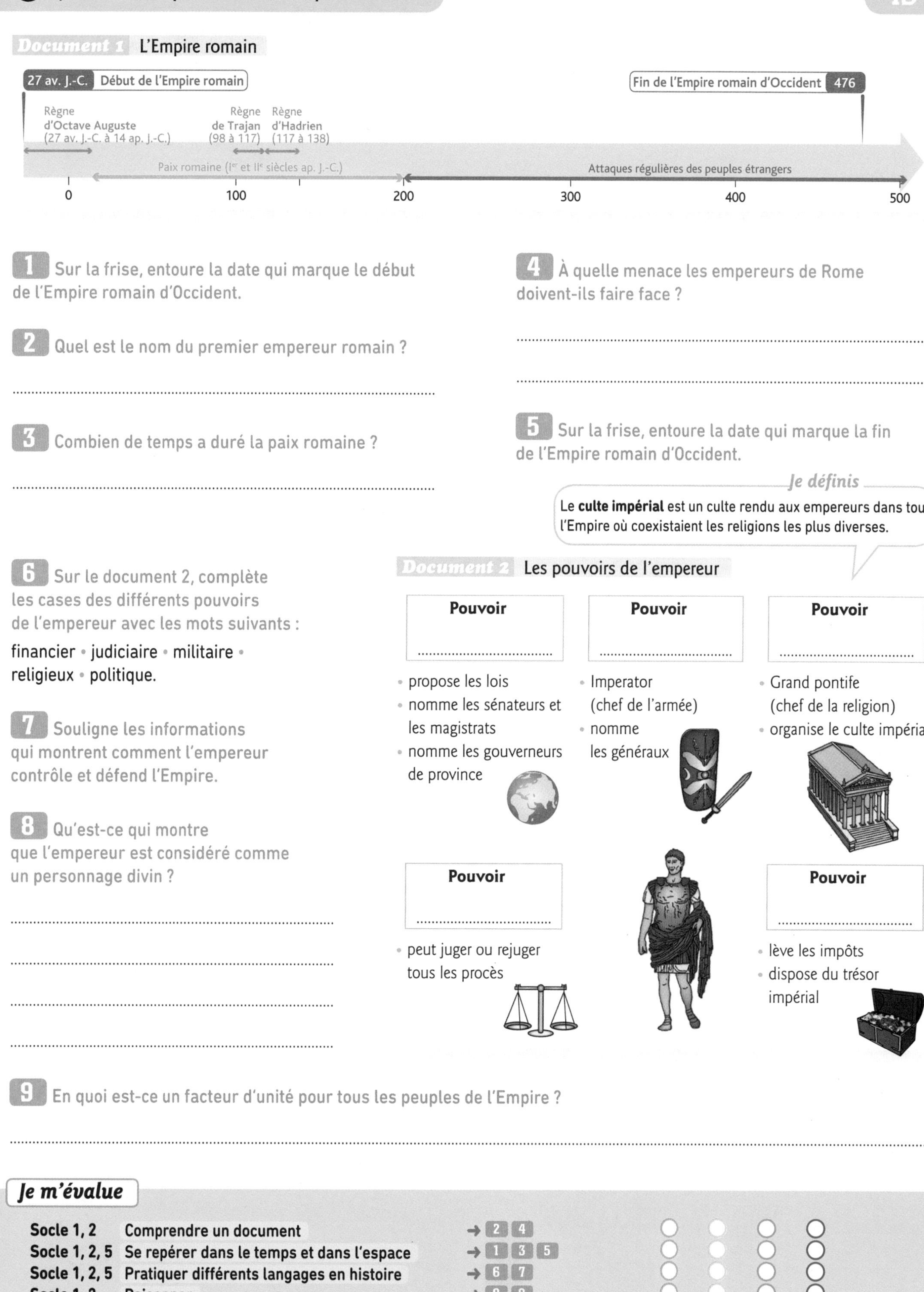

Document 1 L'Empire romain

1 Sur la frise, entoure la date qui marque le début de l'Empire romain d'Occident.

2 Quel est le nom du premier empereur romain ?

....

3 Combien de temps a duré la paix romaine ?

....

4 À quelle menace les empereurs de Rome doivent-ils faire face ?

....

....

5 Sur la frise, entoure la date qui marque la fin de l'Empire romain d'Occident.

Je définis

Le **culte impérial** est un culte rendu aux empereurs dans tout l'Empire où coexistaient les religions les plus diverses.

6 Sur le document 2, complète les cases des différents pouvoirs de l'empereur avec les mots suivants :

financier • judiciaire • militaire • religieux • politique.

7 Souligne les informations qui montrent comment l'empereur contrôle et défend l'Empire.

8 Qu'est-ce qui montre que l'empereur est considéré comme un personnage divin ?

....

....

....

....

Document 2 Les pouvoirs de l'empereur

Pouvoir ....
- propose les lois
- nomme les sénateurs et les magistrats
- nomme les gouverneurs de province

Pouvoir ....
- Imperator (chef de l'armée)
- nomme les généraux

Pouvoir ....
- Grand pontife (chef de la religion)
- organise le culte impérial

Pouvoir ....
- peut juger ou rejuger tous les procès

Pouvoir ....
- lève les impôts
- dispose du trésor impérial

9 En quoi est-ce un facteur d'unité pour tous les peuples de l'Empire ?

....

Je m'évalue

Socle 1, 2	Comprendre un document	→ 2 4	○	○	○	○
Socle 1, 2, 5	Se repérer dans le temps et dans l'espace	→ 1 3 5	○	○	○	○
Socle 1, 2, 5	Pratiquer différents langages en histoire	→ 6 7	○	○	○	○
Socle 1, 2	Raisonner	→ 8 9	○	○	○	○
Socle 1	Maîtriser le vocabulaire	→ *Je définis*	○	○	○	○

Quelle est l'étendue de l'Empire et comment est-il protégé ?

Document 1 L'Empire romain au IIe siècle

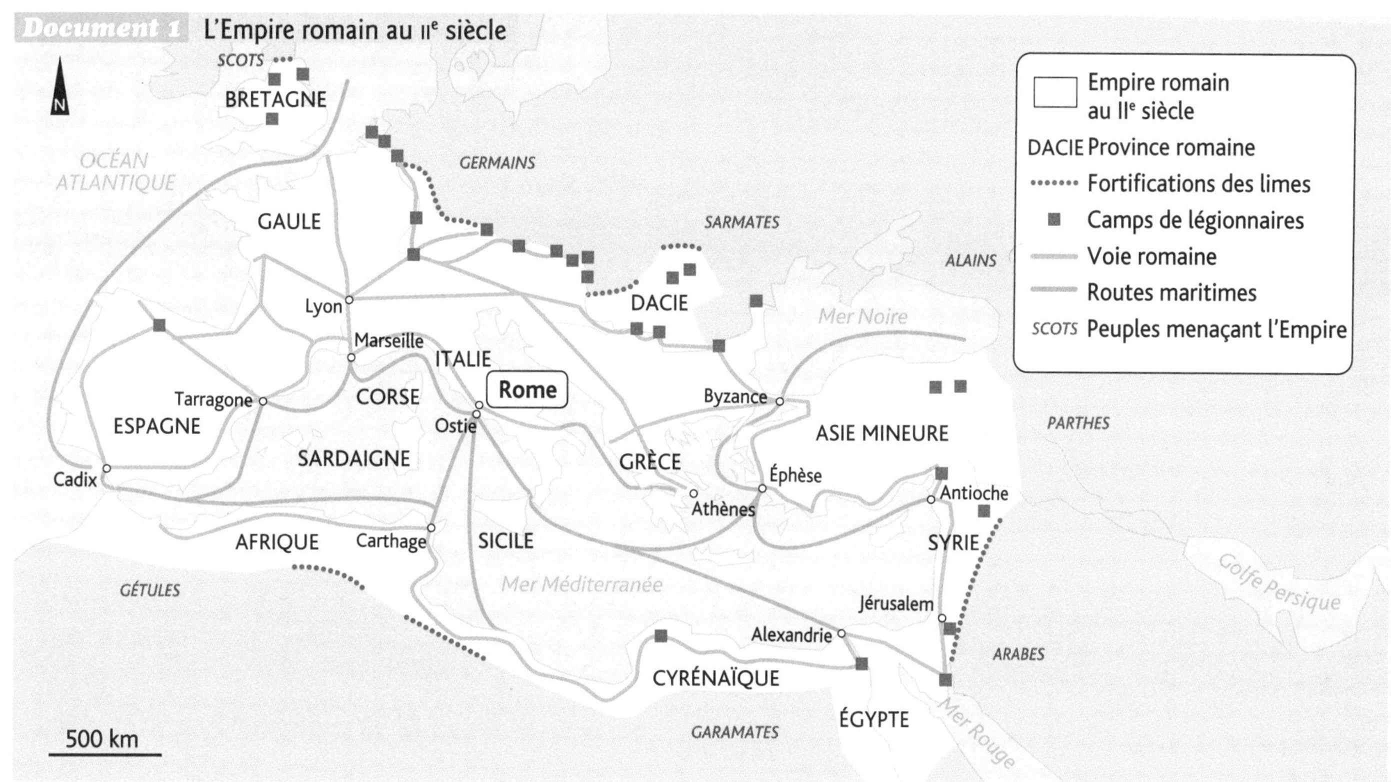

1 Sur la carte, colorie en jaune l'étendue de l'Empire romain puis complète la légende.

2 Dans la légende de la carte, entoure ce qui permet de protéger les frontières de l'Empire.

3 Souligne le nom des peuples qui menacent l'Empire.

4 Qu'empruntent les armées romaines pour se déplacer dans l'Empire ?

....

5 Dans le texte, entoure la définition du limes et sa longueur.

6 Souligne les différentes constructions défensives du limes.

Document 2 L'Empire romain et la protection de ses frontières

« Le "limes romain" représente la ligne frontière de l'Empire romain qui s'étendait sur 5 000 km du nord de la Grande-Bretagne jusqu'à la mer Noire et, de là, jusqu'à l'Afrique du Nord. Il s'agissait de murs bâtis, de fossés, de forts, de forteresses, de tours de guet et d'habitations civiles. Certains éléments de la ligne ont été découverts lors de fouilles, d'autres reconstruits et quelques-uns détruits. Les deux tronçons du limes en Allemagne couvrent une distance de 550 km depuis le nord-ouest de l'Allemagne jusqu'au Danube au sud-est du pays. »

D'après « Frontières de l'Empire romain », © Unesco, http://whc.unesco.org, 2016.

7 @ Sur le site http://whc.unesco.org/fr/list/430/, clique sur l'onglet « media », choisis la vidéo « Frontières de l'Empire romain » et visionne-la.

8 @ Relève dans la vidéo des informations sur le mur d'Hadrien (lieu, hauteur, épaisseur, systèmes de défense...).

....

....

Je m'évalue

Socle 1, 2	Comprendre un document	→ 4 5 6	○ ○ ○ ○
Socle 1, 2, 5	Se repérer dans l'espace	→ 1	○ ○ ○ ○
Socle 1, 2, 5	Pratiquer différents langages en histoire	→ 2 3	○ ○ ○ ○
Socle 1, 2	S'informer dans le monde du numérique	→ 7 8	○ ○ ○ ○

La romanisation

? *Comment Rome diffuse-t-elle son modèle urbain dans l'Empire ?*

Document 1 La ville de Timgad (Afrique du Nord)

Je situe

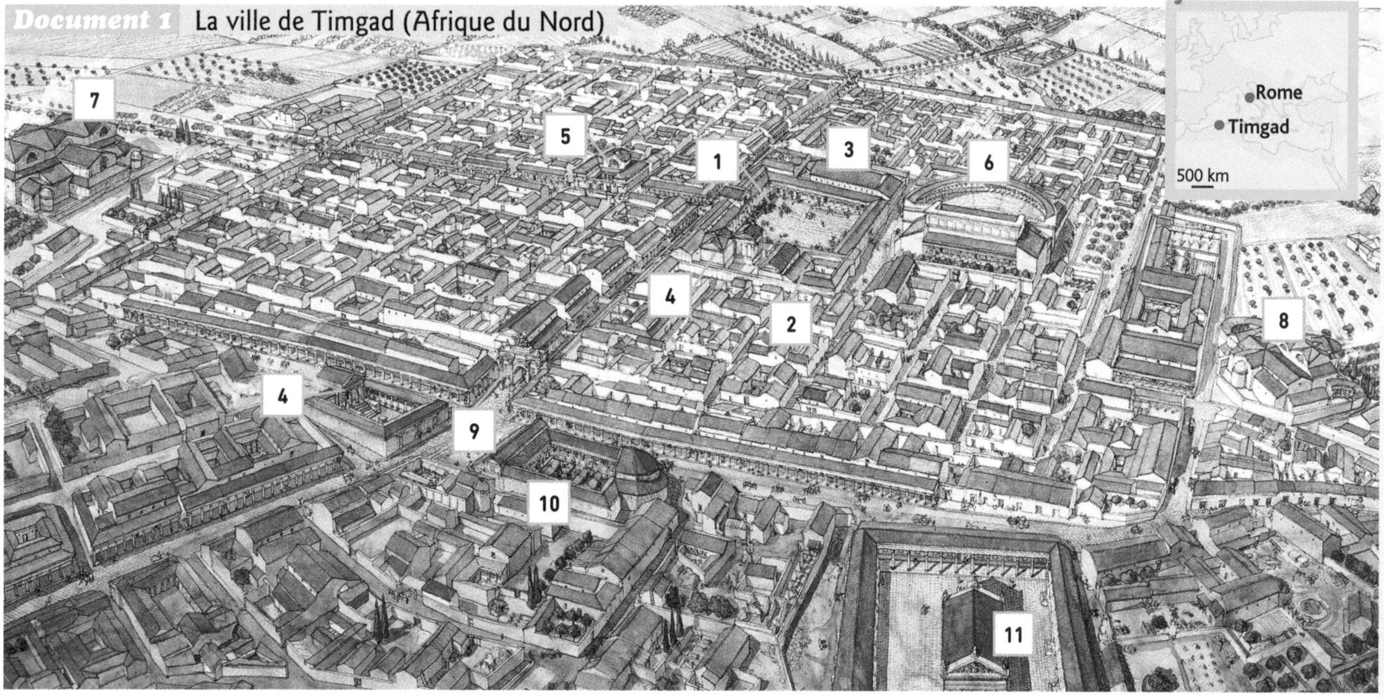

① .... ② .... ③ .... ④ .... ⑤ .... ⑥ ....

⑦ .... ⑧ .... ⑨ .... ⑩ .... ⑪ ....

Reconstitution de la ville de Timgad fondée par l'empereur Trajan en 100 après J.-C.

Document 2 Plan de Timgad

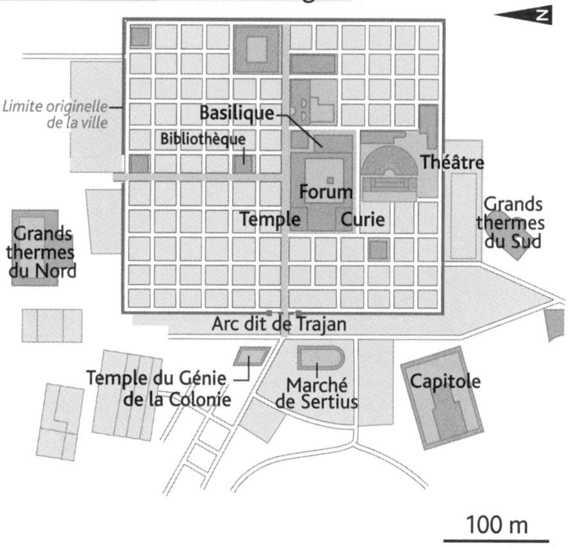

1 Quelle est la nature de chacun de ces deux documents ?

....

2 Où est située la ville de Timgad ?

....

3 Entoure le nom de son fondateur et la date de sa fondation.

4 À l'aide du document 2, identifie les éléments numérotés sur le document 1 et complète la légende.

5 La ville de Timgad est un exemple de romanisation dans l'Empire. Cite trois bâtiments qui montrent l'adoption du mode de vie romain par les habitants de cette ville.

Je définis

La **romanisation** est l'adoption du mode de vie, de la langue et de la religion des Romains par les peuples conquis.

....

6 D'après toi, sur le modèle de quelle ville Timgad a-t-elle été bâtie ?

....

Je m'évalue

Socle 1, 2	Comprendre un document	→ 1 3	○	○	○	○
Socle 1, 2, 5	Se repérer dans l'espace	→ 2 4	○	○	○	○
Socle 1, 2	Raisonner	→ 5 6	○	○	○	○
Socle 1	Maîtriser le vocabulaire	→ *Je définis*	○	○	○	○

Les fondements du christianisme

Fiche 16

❓ *Où et quand le monothéisme chrétien est-il né ?*

1 D'après les documents 1 et 2, où apparaissent les premiers chrétiens ? À quel siècle ?

....

....

....

2 Qui constituent les premières communautés de chrétiens ?

....

....

....

3 Dans les documents 2 et 3 entoure quelles sont les sources qui nous informent sur la naissance de cette religion.

4 En qui et à quel message les chrétiens croient-ils ?

....

....

5 Dans les deux textes, souligne les passages montrant que, pour les chrétiens, Jésus est le Messie.

6 Sur la carte, entoure le nom des trois villes importantes dans la vie de Jésus. Qui domine cette région ?

....

7 D'après les textes, quel a été le sort de Jésus ? Quel miracle serait survenu selon ses disciples ?

....

....

8 Comment s'appelle cette nouvelle religion monothéiste ?

....

Document 1 La Palestine au temps de Jésus (Ier siècle)

Je définis

« Messie » est un mot hébreu signifiant « envoyé de Dieu », traduit par « Christ » en grec.

Je définis

« Évangile » est un mot grec signifiant « bonne nouvelle » : « Tout homme peut espérer une autre vie après la mort au royaume de Dieu. ».

Document 2 Jésus, selon un historien romain

Les premières communautés de chrétiens apparaissent en Palestine au Ier siècle, peu après la mort de Jésus. Elles sont formées par ceux qui croient dans le nouveau message religieux prêché par Jésus-Christ : l'Évangile.

« À cette époque, vécut un homme sage nommé Jésus. Il accomplissait des miracles. Par ses paroles, il parvint à convaincre beaucoup de Juifs et de Grecs. Mais Pilate, le gouverneur romain de Judée, le condamna à mourir crucifié. Ceux qui étaient devenus ses disciples racontèrent qu'il leur était apparu trois jours après sa mort et qu'il était de nouveau vivant. Il pouvait donc être appelé le Messie dont les prophètes avaient dit des choses merveilleuses. Et depuis, le groupe qui s'appelle celui des chrétiens d'après lui n'a pas disparu. »

D'après Flavius Josèphe (historien juif et citoyen romain), *Antiquités judaïques*, Livre XVIII, fin du Ier siècle.

Document 3 La vie de Jésus d'après les Évangiles

Dans la deuxième moitié du Ier siècle, quatre Évangiles ont été écrits par Matthieu, Marc, Luc et Jean. Ils racontent la vie et l'enseignement de Jésus.

« • Né à Bethléem, Jésus a vécu à Nazareth en Galilée. Vers 30 ans, après son baptême, Jésus parcourt la Palestine annonçant l'Évangile. Jésus attire des foules qui voient en lui le fils de Dieu, le Messie. Il est entouré de douze disciples : les apôtres.

• À Jérusalem pour la fête de Pâque, Jésus s'attire l'hostilité des grands prêtres. Arrêté et livré aux Romains, il est condamné à mort comme blasphémateur et agitateur puis crucifié.

• Selon les Évangiles, Jésus serait ressuscité le surlendemain et serait apparu à ses apôtres. Il se serait ensuite élevé vers le ciel (l'Ascension). »

D'après les Évangiles.

Je m'évalue

Socle 1, 2	Comprendre un document	→ 2 3 4 5 7 8	○	○	○	○
Socle 1, 2, 5	Se repérer dans le temps et dans l'espace	→ 1 6	○	○	○	○
Socle 1	Maîtriser le vocabulaire	→ *Je définis*	○	○	○	○

Le christianisme dans l'Empire romain

Fiche 17

❓ *Quelles sont les relations entre les chrétiens et l'Empire romain ?*

Je définis
Un **évêché** est un territoire sous l'autorité d'un évêque, chef d'une communauté chrétienne.

Je définis
Les **persécutions** sont des violences à l'égard de personnes, en raison de leurs croyances.

Document 1 La diffusion du christianisme entre les Ier et IVe siècles

N
BRETAGNE
OCÉAN ATLANTIQUE
GAULE
ITALIE
Rome
ESPAGNE
Mer Noire
Constantinople
ASIE MINEURE
Antioche
GRÈCE
SYRIE
AFRIQUE
Mer Méditerranée
PALESTINE
Alexandrie
Jérusalem
ÉGYPTE
500 km

Limites de L'Empire romain
Berceau du christianisme
Régions devenues chrétiennes entre le Ier et le IVe siècle
Siège de grands évêchés

Document 2 Un chrétien victime des persécutions romaines

Les chrétiens rejetant les dieux romains et le culte rendu à l'empereur, sont considérés comme de mauvais citoyens et sont persécutés dans tout l'Empire jusqu'à la fin du IIIe siècle.

Mosaïque romaine du IIe siècle, musée archéologique, El Djem, Tunisie.

1 Sur la carte, entoure le nom de la région où est né le christianisme.

2 Colorie selon la légende les régions de l'Empire qui deviennent chrétiennes entre le Ier et le IVe siècle.

3 Souligne dans le document 2 les raisons pour lesquelles les chrétiens sont persécutés.

4 D'après la mosaïque, quel est le sort de ce chrétien ?

....

5 D'après la frise, quand les persécutions cessent-elles et pourquoi ?

....

....

....

....

....

Document 3 Les chrétiens et l'Empire romain

Vers 30 Mort de Jésus

313 Édit de Milan — L'Empereur Constantin autorise le christianisme auquel il se convertit.

392 Édit de l'Empereur Théodose — Le christianisme devient la religion officielle de l'Empire.

Vie de Jésus

Rédaction des Évangiles

4 av. J.-C. | 30 | 100 | 200 | 300 | 400

6 Complète la frise à l'aide des expressions suivantes :

La religion devient officielle • Persécutions des chrétiens • Autorisation de la religion.

Je m'évalue

Socle 1, 2	Comprendre un document	→ 3 4	○	○	○	○
Socle 1, 2, 5	Se repérer dans le temps et dans l'espace	→ 1 2 5 6	○	○	○	○
Socle 1	Maîtriser le vocabulaire	→ *Je définis*	○	○	○	○

Quelles relations ces deux empires entretiennent-ils ?

Je définis

Les **Han** sont une dynastie fondée par Liu Bang, en Chine, en 206 av. J.-C. Les empereurs Han se succèdent jusqu'en 220.

Document 1 Les routes commerciales entre la Chine et l'Empire romain aux Ier et IIe siècles

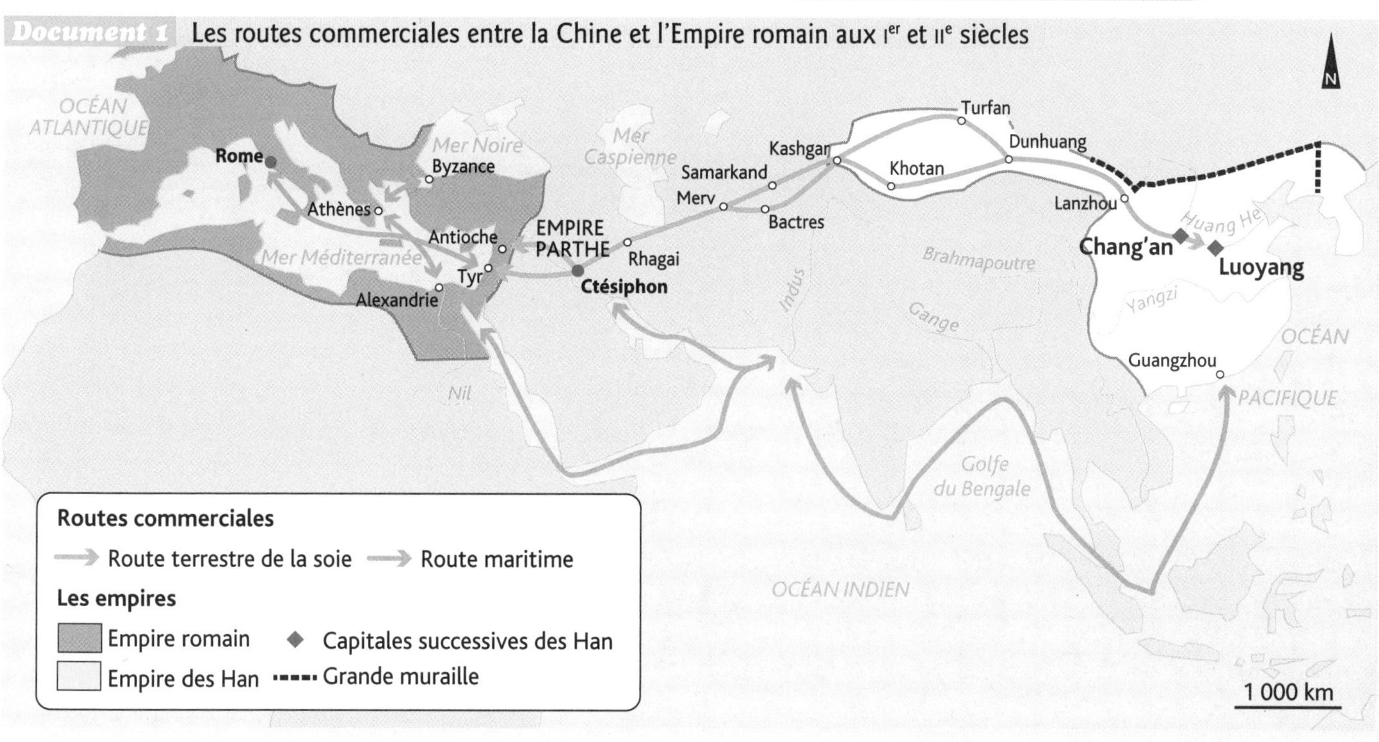

1 D'après le document 1, quels sont les deux empires qui sont en relation ? Lors de quels siècles ?

....

....

2 Colorie selon la légende l'Empire des Han.

3 Quel textile précieux les Han exportent-ils ? Quelles routes empruntent-ils ?

....

....

....

4 Dans le texte, souligne la phrase montrant que la soie est un produit de luxe apprécié des riches Romains.

5 Qu'est-ce qui montre que des contacts existent entre Rome et la Chine des Han ?

Document 2 Des échanges commerciaux importants

« Les Romains découvrirent la soie au Ier siècle avant notre ère [...] parmi les autres marchandises lointaines rapportées par les commerçants. La soie devient très rapidement populaire à Rome. Les Parthes sont les intermédiaires privilégiés dans le commerce entre l'Europe, le Proche et Moyen Orient et l'Asie, [...] mais ne purent toutefois pas empêcher les Romains d'utiliser les routes maritimes qui contournaient l'Iran. Dans les annales chinoises de la dynastie des Han, est mentionnée l'arrivée d'une ambassade romaine en 166. La Chine exporte vers Rome d'autres produits comme des peaux, du fer, de la laque et de la cannelle. [...] En échange, les Romains exportent du vin, du papyrus, de la laine, du lin, de l'ambre, du corail, du bronze, des lampes et, surtout, du verre. »

D'après La Route de la Soie, Musée du Cinquantenaire (MRAH)/D. Haumont, C. Van Linden, D.R.

....

6 Entoure les produits exportés par la Chine en rouge, ceux exportés par Rome en bleu.

Je m'évalue

Socle 1, 2	Comprendre un document	→ 3 4 5 6	○	○	○	○
Socle 1, 2, 5	Se repérer dans le temps et dans l'espace	→ 1 2	○	○	○	○
Socle 1	Maîtriser le vocabulaire	→ *Je définis*	○	○	○	○

La Chine des Han

❓ *Quelles sont les caractéristiques de la civilisation chinoise ?*

Je définis

Un **mandarin** est un fonctionnaire de l'Empire chinois choisi par concours parmi les hommes qui maîtrisent l'écriture.

Document Puissance et richesses de la Chine des Han (206 avant J.-C. à 220 après J.-C.)

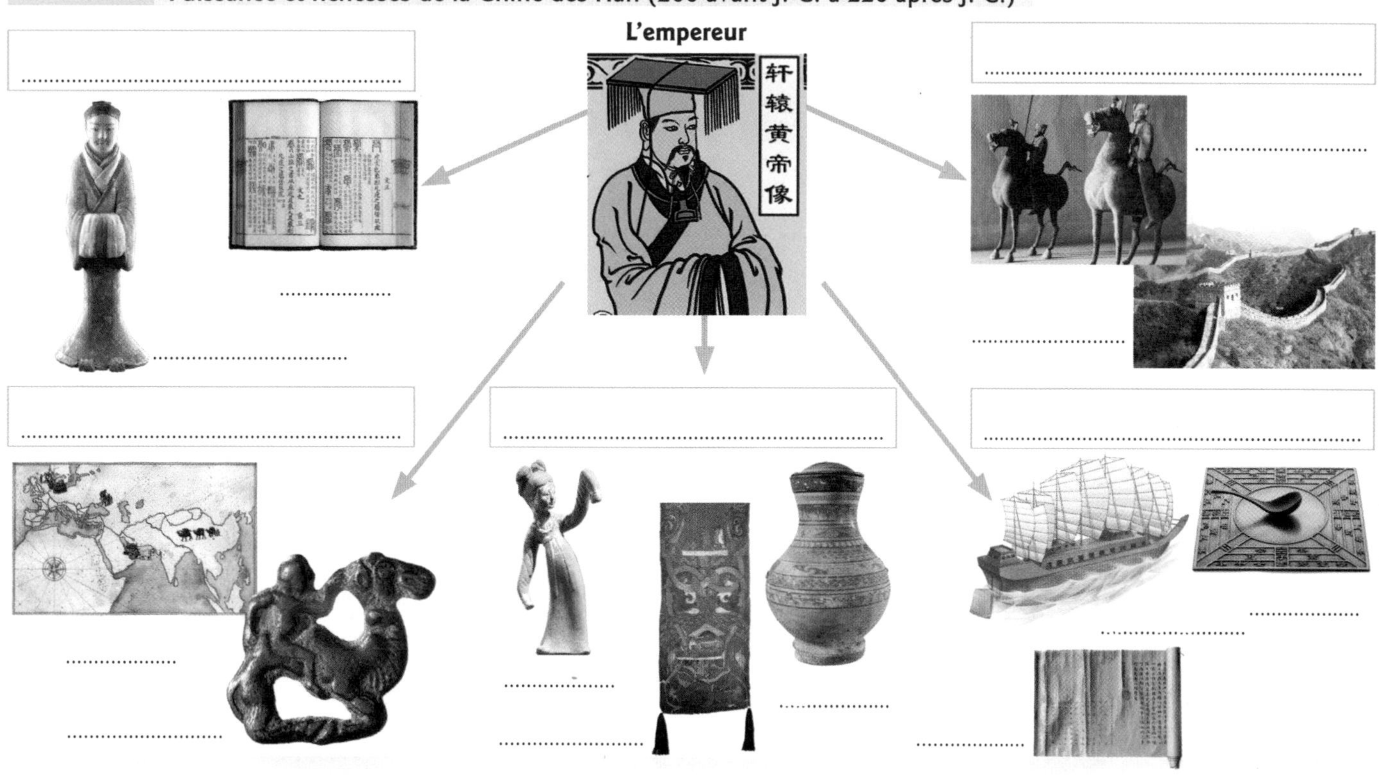

1 Sur la carte mentale reporte la légende de chaque illustration :

mandarins • écriture • peinture sur soie • sculpture • céramique • cavalerie • Grande muraille • route de la soie • marchands • papier • boussole • gouvernail.

2 Place le titre de chaque rubrique en rouge dans la case correspondante :

Un commerce dynamique • Des innovations techniques • Un empire bien administré • Des arts florissants • Un empire bien protégé.

3 Qui gouverne l'Empire et combien de siècles la dynastie des Han a-t-elle régné sur la Chine ?

....

....

....

4 Sur quoi s'appuie l'empereur pour :

• assurer la paix dans l'Empire et la protection des frontières et de la route de la soie ?

....

....

• faire appliquer et respecter les lois dans l'Empire ?

....

....

5 @ Sur le site http://expositions.bnf.fr, clique sur « Chine, l'empire du trait » puis dans la rubrique « Repères » sur « le papier ». Lis le texte puis explique qui est Cai-Lun et ce qui l'a rendu célèbre.

....

....

Je m'évalue

Socle 1, 2, 5	Pratiquer différents langages en histoire	→ 1 2 4	○	○	○	○
Socle 1, 2, 5	Se repérer dans le temps	→ 3	○	○	○	○
Socle 1, 2, 5	S'informer dans le monde du numérique	→ 5	○	○	○	○
Socle 1	Maîtriser le vocabulaire	→ *Je définis*	○	○	○	○

Se repérer dans le temps

? *Connaître les grands repères chronologiques du programme*

Complète chaque frise chronologique avec les informations historiques proposées.

• La Préhistoire

Migrations de l'*Homo sapiens* • « Révolution néolithique » • Naissance de l'écriture

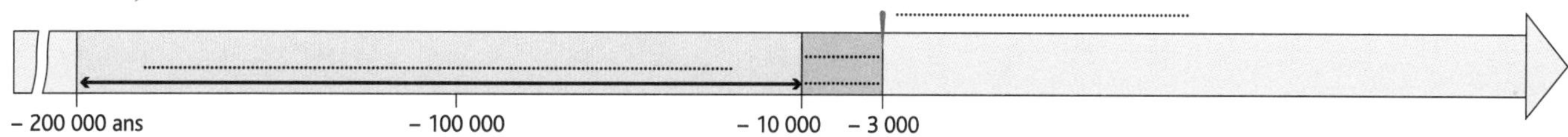

• L'Orient ancien

Premières cités-États • Écriture cunéiforme • Hiéroglyphes

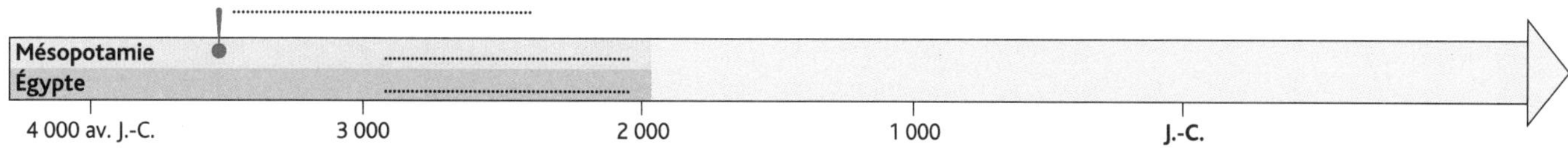

• Le monde grec

Homère • Cités grecques et colonisation • Démocratie à Athènes

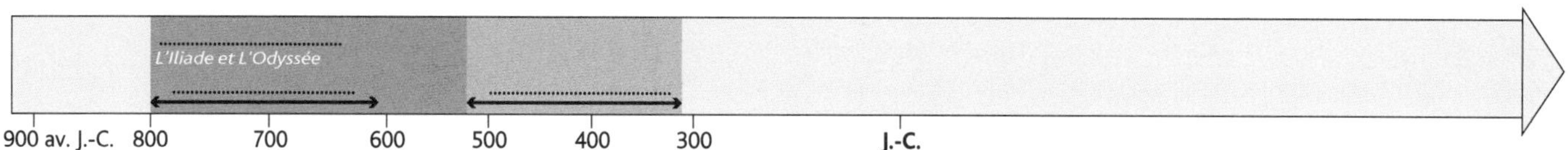

• Rome

Fondation légendaire de Rome • Royauté • République • Empire • Paix romaine

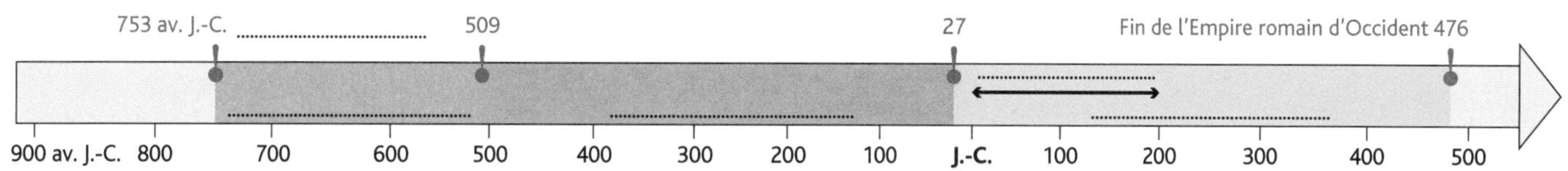

• Les débuts du judaïsme...

Rédaction de la Bible • Destruction du Temple de Jérusalem • Diaspora

... et du christianisme

Mort de Jésus • Écriture des Évangiles • Persécution des chrétiens • Édit de Théodose • Christianisme autorisé

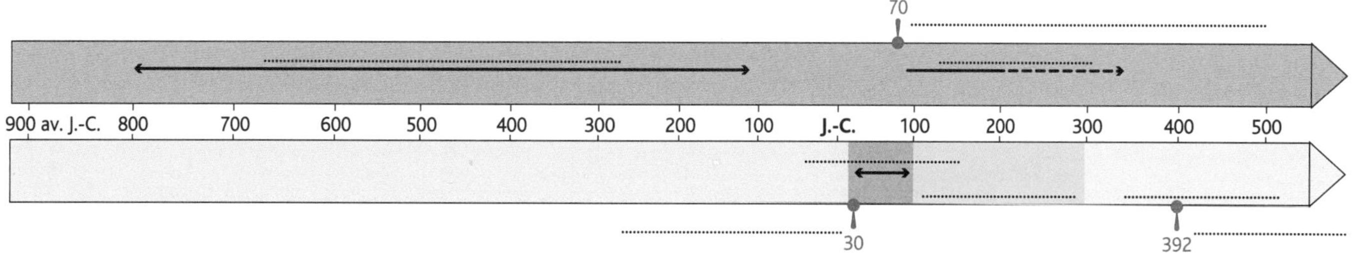

• La Chine

Chine des Han

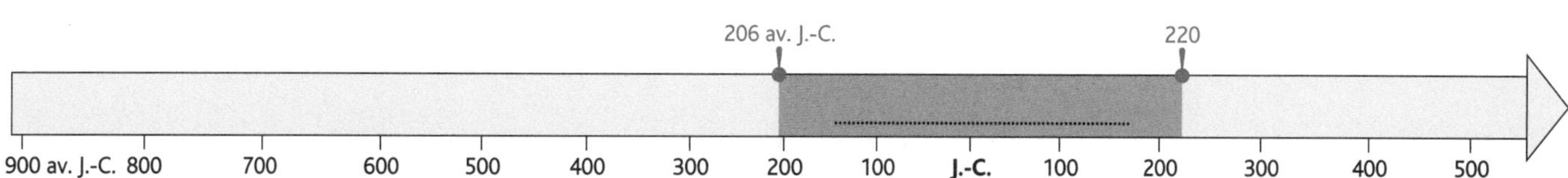

Je m'évalue

Socle 1, 2, 5 Se repérer dans le temps

Socle 1, 2, 5 Pratiquer différents langages en histoire

Habiter une métropole d'un pays développé (1)

? *Quelles activités font de Paris une métropole attractive ?*

Je définis
Une **métropole** est une ville où se concentre le pouvoir.

Document 1 Paris, une métropole d'un pays développé

Éléments importants de la photographie
Centre historique : 1 Notre Dame de Paris 2 Musée du Louvre 3 Palais présidentiel de l'Élysée
Centre des affaires : 4 Quartier de La Défense
Axes de circulation : 5 La Seine 6 Avenue des Champs-Élysées
Extension de la ville : 7 Banlieues

Fonctions des principaux lieux localisés *Je situe*
- Fonction politique
- Fonction culturelle
- Fonction économique

Quel est l'angle de la prise de vue de ce paysage ?

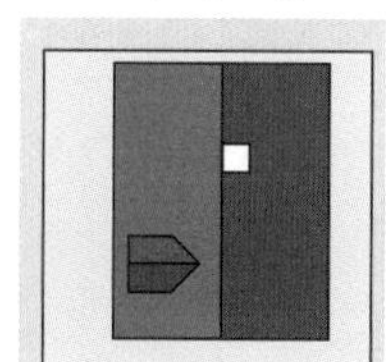

○ Vue verticale

○ Vue horizontale

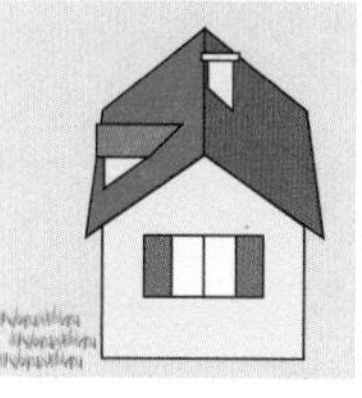

○ Vue oblique

Photographie aérienne de Paris (vue du centre vers la banlieue ouest).

1 Quelle est la nature du document 1 ? Coche la bonne réponse.
○ une illustration ○ une photographie aérienne ○ un plan

2 Quel est l'angle de cette prise de vue ?
Coche la bonne case en marge de la photographie.

3 Quel est le thème du document 1 ?
Utilise son titre pour répondre.

....

....

4 Sur la photographie, à l'aide de la légende, colorie les numéros des lieux localisés selon leur fonction.

5 Colorie, en respectant les couleurs de la légende, les différents éléments du croquis.

6 Écris, dans la légende du croquis, en face du figuré cartographique qui correspond :
axe fluvial • axe terrestre.

Je définis
Un **croquis** est une représentation schématique des principaux éléments composant un paysage afin de faciliter la lecture de l'organisation d'un territoire.

Document 2 Croquis de la vue aérienne de Paris

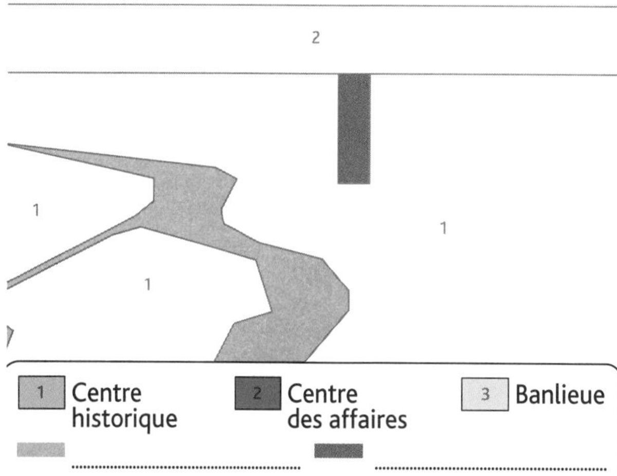

1 Centre historique
2 Centre des affaires
3 Banlieue
....
....

Je m'évalue

Socle 1, 2	Comprendre un document	→ 1 2 3	○	○	○	○
Socle 1, 2, 5	Se repérer dans l'espace	→ *Je situe*	○	○	○	○
Socle 1, 2, 5	Pratiquer différents langages en géographie	→ 4 5 6	○	○	○	○
Socle 1	Maîtriser le vocabulaire	→ *Je définis*	○	○	○	○

Les défis d'une métropole d'un pays développé (2)

Fiche 22

? *À quels problèmes la métropole parisienne est-elle confrontée ?*

1 Quelle est la nature du document 1 ? Coche la bonne réponse.

- ○ une illustration
- ○ une carte par plages de couleurs
- ○ un plan

2 Quel est son thème ? Utilise son titre pour répondre.

....

....

....

....

Document 1 Les inégalités de revenus dans la métropole parisienne

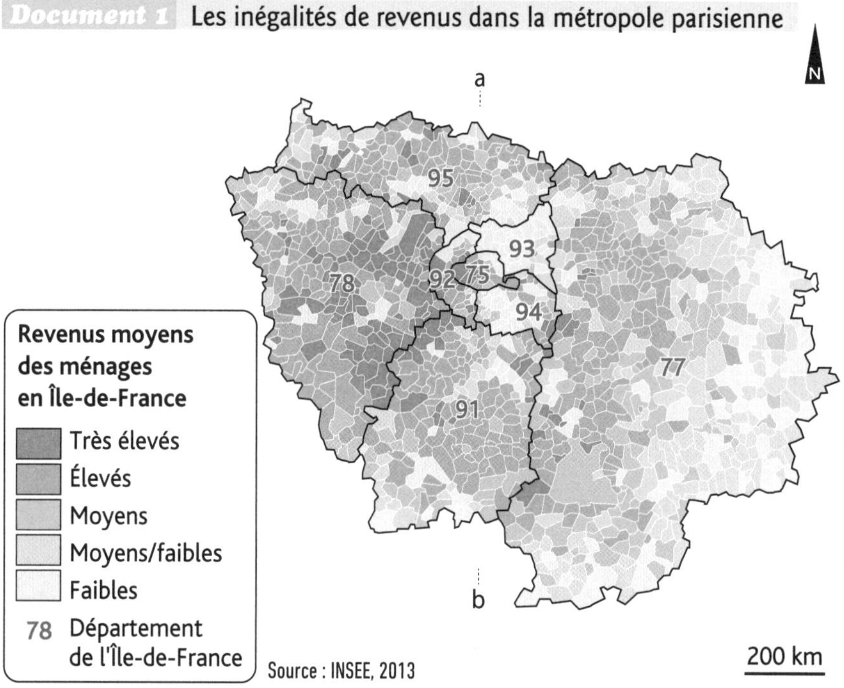

Source : INSEE, 2013

3 Quelle est la nature du document 2 ?

- ○ un discours
- ○ un extrait d'article de presse
- ○ un témoignage

4 Quel est son thème ?

....

....

Document 2 Paris dans la compétition des métropoles mondiales

« Selon un rapport de la Chambre de Commerce et d'Industrie Paris-Île-de-France portant sur 16 grandes métropoles mondiales, Paris a reculé par rapport à ses concurrentes. La croissance de Paris a été plus faible que celle de beaucoup d'autres villes mondiales. La [richesse] par habitant a augmenté moins vite qu'à Londres ou New York. [...]

Si Paris a enregistré un record de fréquentation touristique en 2013, c'est la ville qui a connu la plus faible croissance en nombre de visiteurs et elle n'occupe que la 5ᵉ place pour les dépenses des touristes. [...]

Paris est passée de la 11ᵉ place financière mondiale à la 26ᵉ. L'Île-de-France attire moins de sièges sociaux [d'entreprises] que Londres, Bruxelles ou Amsterdam. »

D'après un article de Béatrice Jérôme paru dans le journal *Le Monde* du 21 mai 2014.

5 Sur la carte, trace une ligne verticale de A à B.

6 Dans quelle partie de la métropole parisienne se situent les populations les plus riches ? Sers-toi des points cardinaux pour répondre.

....

....

7 Quel département apparaît comme le plus pauvre ? Entoure son numéro sur la carte.

8 Dans le document 2, entoure en rouge le passage décrivant l'évolution de la place de Paris dans le classement des seize grandes métropoles mondiales.

9 Souligne en vert deux exemples de cette évolution.

10 D'après les documents 1 et 2, à quels problèmes Paris doit-elle faire face ?

....

Je m'évalue

Socle 1, 2	Comprendre un document	→ 1 2 3 4 8 9 10	○	○	○	○
Socle 1, 2, 5	Se repérer dans l'espace	→ 6 7	○	○	○	○
Socle 1, 2, 5	Pratiquer différents langages en géographie	→ 5	○	○	○	○

Habiter une métropole d'un pays émergent (1)

Fiche 23

? *Comment s'organise une métropole d'un pays émergent ?*

Je définis

Un **pays émergent** est un pays en développement qui connaît une forte croissance économique.

Document 1 São Paulo, une métropole d'un pays émergent

Je situe

○ Vue verticale

○ Vue horizontale

○ Vue oblique

1 Quelle est la nature du document 1 ?

....

2 Quel est l'angle de cette prise de vue ? Coche la bonne case en marge de la photographie.

3 Quel est le thème du document 1 ? Utilise son titre pour répondre.

....

4 Sur la photographie, place les numéros des éléments suivants :

❶ magasins et entrepôts • ❷ route • ❸ habitat collectif (2 fois) • ❹ favela (bidonville) • ❺ espace vert.

5 En respectant les couleurs de la légende, colorie les différents éléments du croquis.

6 Quels éléments du paysage permettent de différencier les quartiers riches du quartier pauvre ?

....

....

Document 2 Croquis de la métropole de São Paulo

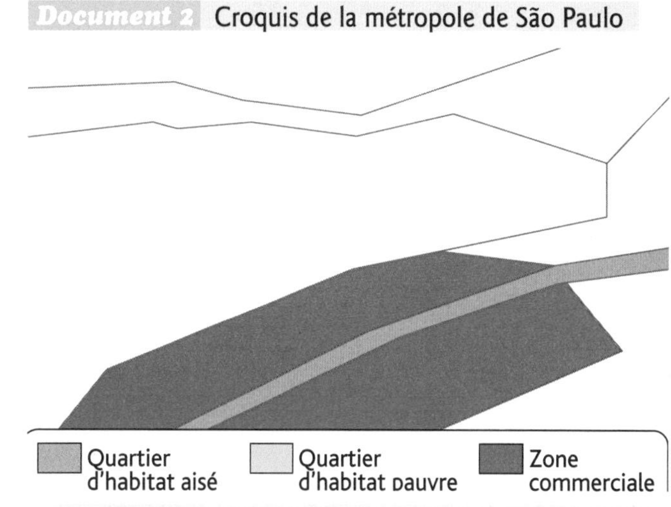

Je m'évalue

Socle 1, 2	Comprendre un document	→ 1 2 3	○	○	○	○
Socle 1, 2, 5	Se repérer dans l'espace	→ *Je situe*	○	○	○	○
Socle 1, 2, 5	Pratiquer différents langages en géographie	→ 4 5 6	○	○	○	○
Socle 1	Maîtriser le vocabulaire	→ *Je définis*	○	○	○	○

Les défis d'une métropole d'un pays émergent (2)

? *Quels problèmes la métropole de São Paulo connaît-elle ?*

1 Quels sont la nature et le thème du document 1 ?

....

....

....

2 Quelle est la nature du document 2 ? Coche la bonne réponse.

○ une illustration ○ une affiche ○ une publicité

3 Quel est l'objectif du document 2 ?

○ Sensibiliser le public à un problème

○ Vanter une marque d'eau minérale

○ Interdire la consommation d'eau fraîche

4 Entoure dans le document 1, les informations qui montrent l'insuffisance des transports en commun.

5 Relève trois conséquences négatives de cette situation pour les habitants de São Paulo.

• ....

• ....

• ....

6 Quelle catégorie d'habitants échappe aux difficultés de transport et par quel moyen ?

....

....

7 Sur l'affiche et dans la légende, entoure le problème auquel la ville de São Paulo est confrontée.

8 Souligne dans le document 2 les causes de cette situation.

9 Comment l'affiche met-elle en évidence ce problème ?

....

....

....

Document 1 Des transports insuffisants à São Paulo

« São Paulo est [...] une métropole de vingt millions d'habitants [...]. Elle ne compte que cinq lignes de métro, charriant six millions de personnes par jour. Au total 64 stations, cinq fois moins qu'à Paris pour une population six fois plus nombreuse. À peine une demi-douzaine de lignes de trains de banlieue, toujours bondés, prolongent le dispositif. S'y ajoute un réseau de 16 000 bus, eux aussi surchargés [...]. Un usager peut mettre deux à trois heures pour se rendre à son travail ou en revenir. Ceux qui en disposent prennent donc leur voiture. [...]. São Paulo recense six millions de véhicules qui occasionnent d'énormes embouteillages. Seuls les plus riches ne souffrent pas de ces désagréments : ils circulent en hélicoptère et atterrissent sur les plates-formes aménagées sur les toits des immeubles les plus prestigieux, notamment sur l'avenida Paulista, le centre d'affaires. L'État s'est désengagé du secteur dans les années 1990. [...] Le métro n'a pas été développé et le réseau de chemin de fer brésilien, [...] a été laissé en déshérence[1]. »

D'après un article de Benoît Hopkin, *Le Monde*, 29 juin 2013.

1. à l'abandon.

Document 2 La pénurie d'eau à São Paulo

La métropole de São Paulo connaît une inquiétante pénurie d'eau en raison de l'augmentation de sa consommation, de l'insuffisance des équipements hydrauliques et des sécheresses plus fréquentes.

Affiche de sensibilisation de l'association Ecosurf.
Traduction : « Comprendre la crise de la pénurie d'eau à São Paulo ».

Je m'évalue

Socle 1, 2	Comprendre un document	→ 1 2 3 4 5 6 7 8	○	○	○	○
Socle 1, 2, 5	Pratiquer différents langages en géographie	→ 9	○	○	○	○

Habiter la ville de demain

? *Comment aménager la ville du futur ?*

Document L'écoquartier de Hammarby Sjöstad à Stockholm, Suède

1 Quel est la nature du document ? Coche la bonne réponse.

○ une photographie ○ une affiche ○ une image de synthèse

2 Quel est le thème du document ?

....

3 Dans le tableau ci-contre, reporte les numéros des aménagements réalisés dans cet **écoquartier**, selon le secteur qu'il améliore.

Aménagements	Secteurs
....	Qualité de vie
....	Énergie
....	Déchets
....	Circulation

4 @ À l'aide d'un moteur de recherche sur Internet, tape les noms des trois écoquartiers. Complète le tableau en précisant leurs localisations.

Je définis

Un **écoquartier** est un projet d'aménagement urbain qui respecte les principes du développement durable.

Nom de l'écoquartier	Ville	Pays	Continent
Pointe-aux-Lièvres	....	....	....
Gounghin	....	....	....
Hypérion	....	....	....

5 Dans le tableau, souligne en rouge le nom des écoquartiers situés dans un pays développé et en bleu ceux situés dans un pays émergent ou en développement.

Je m'évalue

Socle 1, 2	Comprendre un document	→ 1 2	○	○	○	○
Socle 1, 2, 5	Se repérer dans l'espace	→ 3	○	○	○	○
Socle 1, 2	Pratiquer différents langages en géographie	→ 5	○	○	○	○
Socle 1, 2, 5	S'informer dans le monde numérique	→ 4	○	○	○	○
Socle 1	Maîtriser le vocabulaire	→ *Je définis*	○	○	○	○

Habiter la montagne de l'Himalaya (1)

? *Comment les hommes vivent-ils dans l'Himalaya ?*

Document Paysage du Népal dans les montagnes de l'Himalaya

Élément naturel · Élément humain

Village de Kagbeni.

Quel est l'angle de la prise de vue de ce paysage ?

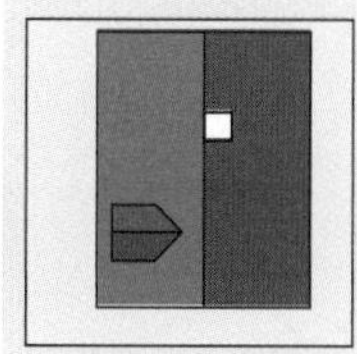

○ Vue verticale

○ Vue horizontale

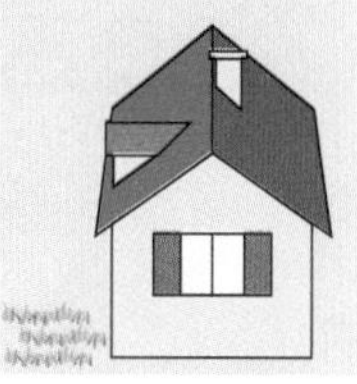

○ Vue oblique

1 Quelle est la nature du document ? ....

2 Quel est l'angle de cette prise de vue ? Coche la bonne case en marge de la photographie.

3 Entoure dans le titre du document le relief qui domine dans ce paysage.

> *Je définis*
> Le **relief** est la forme de la surface terrestre.

4 Sur la photographie, écris le numéro des éléments suivants :
❶ cours d'eau • ❷ haute montagne • ❸ village • ❹ cultures en terrasse (2 fois) • ❺ moyenne montagne (2 fois).

5 Colorie les puces des différents éléments du paysage en respectant les couleurs de la légende.

6 D'après la photographie, quelle est la densité de population ? Coche la bonne réponse. ○ faible ○ forte

> *Je définis*
> La **densité de population** est le nombre moyen d'habitants par km².

7 Quelle est la principale activité économique ? ○ le commerce ○ l'industrie ○ l'agriculture

8 Coche parmi les éléments suivants, la principale contrainte naturelle d'une montagne :
○ le manque d'eau ○ la pente ○ la végétation épaisse ○ le froid.

> *Je définis*
> Une **contrainte naturelle** est un élément naturel pouvant gêner l'installation des hommes.

9 Comment les hommes se sont-ils adaptés à la principale contrainte naturelle dans cette région ?

....

Je m'évalue

Socle 1, 2	Comprendre un document	→ 1 2 3	○	○	○	○
Socle 1, 2, 5	Se repérer dans l'espace	→ *Je situe* 4 5	○	○	○	○
Socle 1, 2, 5	Pratiquer différents langages en géographie	→ 6 7 8 9	○	○	○	○
Socle 1	Maîtriser le vocabulaire	→ *Je définis*	○	○	○	○

Habiter la montagne de l'Himalaya (2)

Fiche 27

? *Comment les habitants de l'Himalaya valorisent-ils leur montagne ?*

Document 1 Les atouts touristiques de l'Himalaya au Népal

Affiche publicitaire d'un tour-opérateur.
* Salutation en népalais. ** Logo du tour-opérateur proposant des formules touristiques respectueuses de l'environnement.

1 Quelle est la nature du document 1 ?

○ une photographie
○ une affiche publicitaire
○ un tableau

2 Quel est le but de cette image ?

....

3 Écris sur l'image le numéro des éléments mis en valeur pour attirer les touristes au Népal :
❶ faune • ❷ paysages montagneux •
❸ monuments • ❹ artisanat • ❺ activités sportives.

Document 2 Le développement du tourisme dans les montagnes du Népal

« Au cours des dernières décennies, le Népal a encouragé le tourisme [...]. L'activité touristique a eu un impact positif sur l'économie mais en même temps, des effets beaucoup moins favorables sur l'environnement, les populations et leur culture.

Des milliers de tonnes de déchets ont été laissés [...] sur les circuits touristiques [...]. Tout [...] en stimulant l'emploi au sein de communautés autrefois isolées, le tourisme a affecté les modes de vie traditionnels des populations. Les hommes, qui autrefois cultivaient les champs et s'occupaient des troupeaux de yacks, se sont convertis en guides ou porteurs [...]. Des femmes sont devenues aubergistes en créant des lodges[1] et maisons de thé sur les treks[2] les plus parcourus.

Par ailleurs, les communautés vivant en montagne en dehors des grands circuits touristiques, subissent les effets de la hausse des prix provoquée par l'afflux de touristes sans bénéficier des retombées de cette activité. »

D'après le site Internet zonehimalaya.net, 2016, © Serge-André Lemaire, D.R.

1. Résidences pour touristes.
2. Randonnées pédestres dans une région montagneuse.

4 Dans le texte, souligne en rouge les emplois créés grâce au tourisme puis souligne en vert la conséquence sur l'environnement.

5 Quelle population ne profite pas des retombées positives du tourisme ? Pourquoi ?

....

....

6 Écris sur le document 3, sur la ligne qui convient, les mots « causes » et « conséquences ».

7 Sur le schéma, colorie :
– en vert la conséquence environnementale ;
– en rouge la conséquence économique ;
– en bleu la conséquence sociale.

8 Quelles sont les deux conséquences négatives du développement du tourisme au Népal ?

....

....

....

Document 3 Causes et conséquences du tourisme au Népal

C.......................................

- Paysage montagneux
- Faune et flore riches
- Culture et monuments

↓

DÉVELOPPEMENT DU TOURISME

↓

Création d'emplois | Dégradation de l'environnement | Augmentation des inégalités de richesse

C.......................................

Je m'évalue

Socle 1, 2	Comprendre un document	→ 1 2 4 5	○	○	○	○
Socle 1, 2, 5	Pratiquer différents langages en géographie	→ 3 7	○	○	○	○
Socle 1, 2	Raisonner	→ 6 8	○	○	○	○
Socle 1	Maîtriser le vocabulaire	→ *Je définis*	○	○	○	○

Habiter l'Arctique (1)

? *Comment les hommes vivent-ils dans l'Arctique ?*

Document 1 Le village de Tasiilaq au Groenland, en été

Je situe

Groenland (DANEMARK)
Tasiilaq
2 000 km

1 Sur la carte, entoure le nom de la région où se situe le village de Tasiilaq.

2 Sur la photographie, écris, dans les cases qui correspondent, le numéro des éléments suivants :
❶ iceberg • ❷ village • ❸ citernes de carburant • ❹ montagne • ❺ route • ❻ port de pêche et de commerce.

Je définis Un **iceberg** est un bloc de glace d'eau douce.

3 Colorie, selon la légende, les différents éléments du paysage que tu as numérotés.

4 D'après la photographie, l'occupation humaine est :
○ de faible densité ○ de forte densité.

5 Coche parmi les éléments suivants, la principale contrainte naturelle de cette région : ○ le manque d'eau ○ la végétation épaisse ○ le froid.

6 Utilise les mots soulignés dans le texte pour compléter le tableau.

	Mode de vie traditionnel	Mode de vie moderne
Peuple Inuit	....	sédentaire
Habitat	....	....
Moyens de transport	....	....

Je définis Les **Inuits** sont un peuple de l'Arctique.

Je définis Une population **sédentaire** a un habitat fixe.

Document 2 Les changements du mode de vie des Inuits

« Longtemps chasseurs, pêcheurs et nomades, les Inuits sont aujourd'hui sédentarisés. [...] Jusqu'à il y a une trentaine d'années, les Inuits tiraient de la chasse, non seulement leur nourriture, mais aussi les matériaux pour fabriquer leurs outils, construire leurs logements, confectionner leurs vêtements. [...]
Aujourd'hui, ils ne vivent plus comme leurs grands-parents : les kayaks ont presque disparu au profit des barques à moteur ; les maisons de bois remplacent les igloos [...] ; le fusil, le harpon ; le scooter des neiges, le traîneau à chiens. [...]. Cette transformation [...] génère des maux inconnus jusqu'alors : alcoolisme, suicide, violence, délinquance... »

D'après le blog de Jean-Louis Étienne (explorateur des régions polaires), jeanlouisetienne.com, 2016.

7 Souligne dans le texte, les conséquences des changements du mode de vie des Inuits.

Je m'évalue

Socle 1, 2	Comprendre un document	→ 1 4 5 7	○	○	○	○
Socle 1, 2, 5	Se repérer dans l'espace	→ *Je situe* 2	○	○	○	○
Socle 1, 2, 5	Pratiquer différents langages en géographie	→ 3 6	○	○	○	○
Socle 1	Maîtriser le vocabulaire	→ *Je définis*	○	○	○	○

Habiter l'Arctique (2)

❓ *Quels changements les habitants de l'Arctique connaissent-ils ?*

1 Quelle est la source du document 1 ?

....

....

2 Quelle est la nature du document 2 ?

....

3 Entoure le passage du texte qui montre l'importance de l'Arctique pour notre planète.

4 Quelle est la cause de la fonte des glaces dans l'Arctique ?

....

....

5 Complète la légende de la carte avec les expressions soulignées dans le texte.

6 À l'aide de la carte, écris dans le tableau, pour chaque ressource naturelle, le nom des pays qui en possèdent.

Ressources naturelles	Pays
Minerais	....
Pétrole et gaz naturel	....
Charbon	....

7 Entoure sur la carte le nom du détroit par lequel passent les deux routes maritimes.

8 D'après le texte, quel est l'intérêt pour les navires de passer par l'océan glacial Arctique pour se rendre d'Europe en Asie ?

....

....

Document 1 L'Arctique et le réchauffement climatique

« L'enjeu principal porte sur les conditions d'une ouverture du bassin polaire à l'exploitation de ses <u>ressources [naturelles]</u>. L'Arctique par son rôle fondamental dans les équilibres planétaires en matière de climat et de biodiversité affronte le défi des effets d'un réchauffement [climatique]. En rendant la zone plus accessible aux pays riverains, la fonte des glaces pourrait favoriser le développement du <u>trafic maritime</u> autour de l'océan glacial Arctique. La traversée du passage du Nord-Ouest canadien réduit les distances entre l'Europe et l'Asie de plusieurs milliers de kilomètres. »

F. Têtart, E. Canobbio, « Le "continent" arctique », *Carto*, n° 26, nov.-déc. 2014.

Document 2 Les importantes ressources de l'Artique

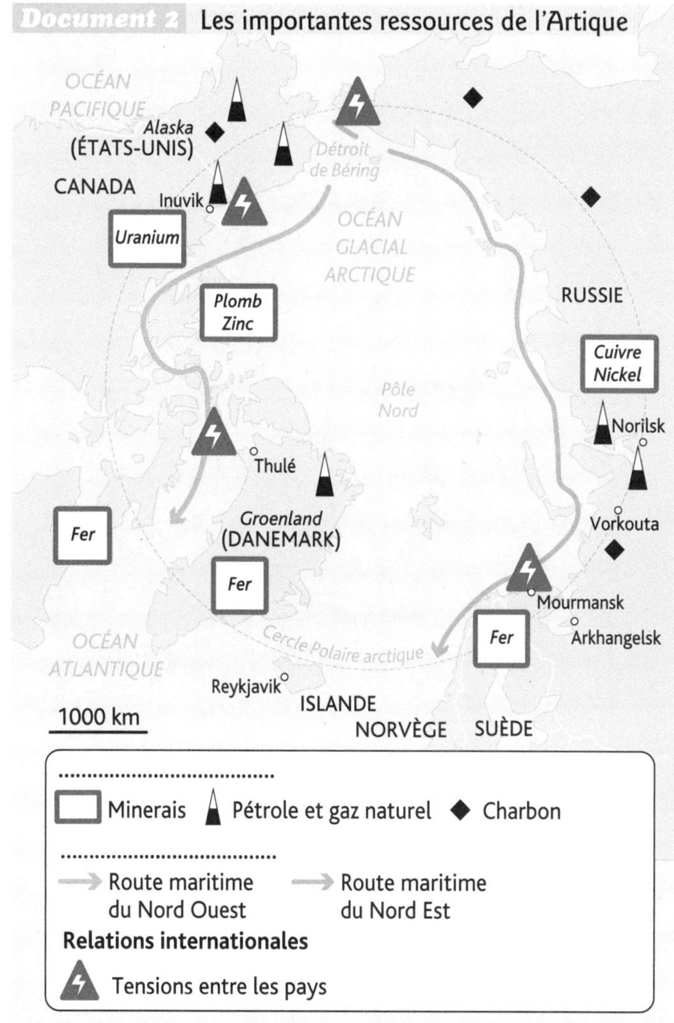

9 Dans la légende de la carte, entoure la conséquence de l'exploitation des ressources sur les relations entre les pays riverains de l'océan glacial Arctique.

Je m'évalue

Socle 1, 2	Comprendre un document	→ 1 2 3 4 8	○	○	○	○
Socle 1, 2, 5	Se repérer dans l'espace	→ 7	○	○	○	○
Socle 1, 2, 5	Pratiquer différents langages en géographie	→ 5 6 9	○	○	○	○
Socle 1	Maîtriser le vocabulaire	→ *Je définis*	○	○	○	○

Habiter un espace de faible densité à vocation agricole dans un pays pauvre (1)

? *Comment s'organise l'agriculture dans un pays pauvre d'Afrique ?*

Document 1 Village sur les rives du fleuve Sénégal en Afrique

Je situe

1 Sur quel continent se situe ce paysage ?

....

2 Sur la photographie, écris les numéros des éléments suivants :
❶ champ irrigué • ❷ bâtiments • ❸ fleuve • ❹ puits • ❺ enclos pour le bétail.

3 Colorie, selon la légende, les différents éléments du croquis.

4 Quel élément naturel du paysage favorise l'agriculture ?

....

5 Dans le texte, souligne les caractéristiques d'une agriculture traditionnelle qui sont visibles sur la photographie.

6 Quelles informations de la photographie et du croquis indiquent la faible densité de population dans cette région ?

....

Document 2 Croquis d'un village africain

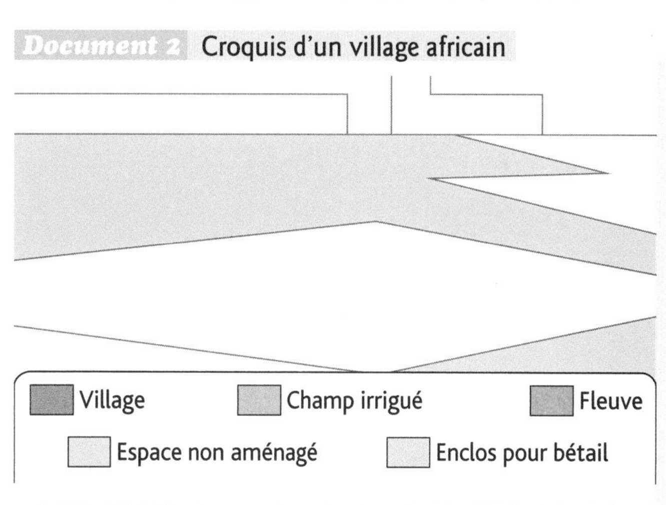

Document 3 L'agriculture traditionnelle africaine

« La très grande majorité des agriculteurs du monde continue de travailler à la main, en particulier en Afrique subsaharienne où il y aurait peu de tracteurs. 75 % des exploitations agricoles sont des structures familiales et de petite [taille]. »

D'après *Les Échos*, 10 avril 2014.

Je m'évalue

Socle 1, 2	**Comprendre un document**	→ 4 5 6	○	○	○	○
Socle 1, 2, 5	**Se repérer dans l'espace**	→ 1 *Je situe*	○	○	○	○
Socle 1, 2, 5	**Pratiquer différents langages en géographie**	→ 2 3	○	○	○	○

Quels sont les défis de l'agriculture dans un pays pauvre d'Afrique ?

1 D'après la carte, quelle production agricole est destinée à l'exportation ?

....

....

2 Comment appelle-t-on une agriculture dont la production est destinée à l'agriculteur ?

....

....

....

3 Sur la carte et en légende, entoure l'élément montrant que le Sénégal dépend de l'étranger pour se nourrir.

4 Souligne en légende les problèmes d'environnement que connaissent les agriculteurs sénégalais.

Document 1 L'agriculture au Sénégal

Sénégal
MAURITANIE
OCÉAN ATLANTIQUE
Dakar
MALI
GAMBIE
200 km
GUINÉE-BISSAU
GUINÉE

- Agriculture vivrière dont la production est destinée à la population locale (cultures maraîchères, élevage, cueillette)
- Agriculture commerciale dont la production est destinée à l'exportation (arachide)
- Importations agricoles
- Exportations agricoles
- Port
- Salinisation des sols
- Forte érosion des sols
- Avancée du désert

Je définis
La **salinisation**, c'est l'augmentation de la teneur en sel des sols qui deviennent alors infertiles.

Je définis
L'**érosion**, c'est l'usure progressive des sols.

5 Lequel de ces problèmes concerne la plus grande superficie du pays ?

....

....

Je définis
L'**autosuffisance**, c'est la capacité d'une population à satisfaire ses besoins alimentaires.

6 Dans le schéma, entoure le défi alimentaire auquel le Sénégal est confronté.

7 À l'aide des mots suivants, complète le schéma : irrigation • accroître • matériel agricole moderne • diversifier.

8 D'après le schéma, quels sont les deux principaux acteurs de l'agriculture sénégalaise ?

....

....

....

....

Document 2 Parvenir à l'autosuffisance alimentaire

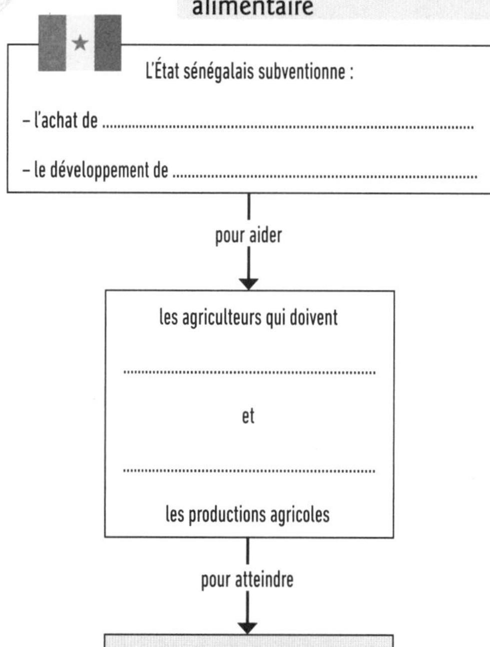

Je m'évalue

Socle 1, 2	Comprendre un document	→ 1 2 6 8	○	○	○	○
Socle 1, 2, 5	Pratiquer différents langages en géographie	→ 3 4 5 7	○	○	○	○
Socle 1	Maîtriser le vocabulaire	→ *Je définis*	○	○	○	○

Habiter un espace de faible densité à vocation agricole dans un pays riche (1)

? *Quelle agriculture pratique-t-on en France en Beauce ?*

Document 1 Paysage de la Beauce à Engenville (Loiret)

Je situe

Paris
Beauce
FRANCE
500 km

Je définis
Un **silo** est un lieu de stockage des céréales.

1 Entoure dans le titre le nom de la région de France dans laquelle se situe ce paysage.

2 Sur la photographie, dans les cases qui correspondent, écris les numéros des éléments suivants : ❶ silo à céréales • ❷ village • ❸ route • ❹ bâtiments agricoles • ❺ champs de céréales.

3 Dans cette région à faible densité de population, quelle est l'activité dominante ?

....

4 Quel relief dans cette région favorise l'agriculture ?

○ la montagne ○ le plateau

5 Dans le tableau, souligne en rouge le chiffre qui montre que l'agriculteur français produit plus que l'agriculteur sénégalais.

6 Qu'est-ce qui permet à l'agriculteur français de produire plus que l'agriculteur sénégalais ?

....

....

7 Entoure l'information du tableau qui montre que l'agriculture en Beauce se pratique dans un pays riche.

Je définis
Une **statistique** est un ensemble de chiffres.

Je définis
Le **rendement** est la quantité produite par hectare (10 000 m^2).

Document 2 Statistiques sur les agricultures française et sénégalaise

	France	Sénégal
Nombre de machines agricoles (pour 100 km^2 de terres cultivables en 2009)	635	2,1
Rendement en céréales (en kg par hectare en 2013)	7 000	1 180
Quantité d'engrais (en kg par hectare en 2013)	140,6	11
Revenu moyen annuel par habitant (en dollars en 2014)	38 847	2 292

Source : Banque mondiale.

Je m'évalue

Socle 1, 2	Comprendre un document	→ 1 3 4	○	○	○	○
Socle 1, 2, 5	Se repérer dans l'espace	→ *Je situe*	○	○	○	○
Socle 1, 2, 5	Pratiquer différents langages en géographie	→ 2 5 6 7	○	○	○	○
Socle 1	Maîtriser le vocabulaire	→ *Je définis*	○	○	○	○

Habiter un espace de faible densité à vocation agricole dans un pays riche (2)

? *Comment s'organise l'agriculture dans un pays riche et quels en sont les défis ?*

1 D'après le document 1, qui fournit les engrais et le matériel agricole aux agriculteurs ?

....

2 Entoure tous les services dont un agriculteur a besoin pour produire.

3 Comment appelle-t-on l'industrie qui transforme les productions agricoles en nourriture ?

....

4 Quelle information montre que les produits agricoles sont commercialisés à l'étranger ?

....

....

5 Colorie les cases du schéma selon la légende.

6 Présente le document 2 en indiquant sa nature, son auteur, sa date et sa source.

....

....

7 Par quels les moyens les agriculteurs de la Beauce ont-ils multiplié leurs rendements ?

....

....

8 Entoure le nom donné à ce type d'agriculture.

9 Souligne en vert la conséquence positive de ce type d'agriculture puis en rouge les conséquences négatives sur la nappe phréatique.

10 Selon toi, quel peut être l'impact de ce type d'agriculture sur la population et l'environnement dans cette région ?

....

Document 1 La filière agroalimentaire en France

Je définis
Les **activités d'amont** fournissent des produits ou services pour la production agricole.

Je définis
Les **activités d'aval** transforment et commercialisent les produits agricoles.

Document 2 Cinquante ans de pollution agricole en Beauce

« Depuis les années 1950, les agriculteurs de la Beauce pratiquent une [agriculture] productiviste : irrigation massive, usage de pesticides, d'engrais pour multiplier leurs rendements. La Beauce est devenue le grenier de la France, première région européenne pour la production de céréales.
Les conséquences sont inscrites dans le sous-sol : la nappe phréatique de la Beauce, la plus étendue d'Europe, 9 500 km^2 entre la Seine et la Loire, 20 milliards de m^3 d'eau, utilisés pour la production de l'eau potable, l'irrigation et l'industrie, regorge de nitrates et autres polluants. Intensément exploitée, la réserve a connu des baisses de niveau inquiétantes, notamment dans les années 1990. »

D'après Sophie Landrin, *Le Monde*, 12 mars 2012.

Je définis
Les **pesticides** sont des produits chimiques utilisés contre les parasites nuisibles aux cultures.

Je définis
Une **nappe phréatique** est une nappe d'eau souterraine.

Je m'évalue

Socle 1, 2	Comprendre un document	→ 1 2 3 4 6 7 8 9
Socle 1, 2, 5	Pratiquer différents langages en géographie	→ 5
Socle 1, 2	Raisonner	→ 10
Socle 1	Maîtriser le vocabulaire	→ *Je définis*

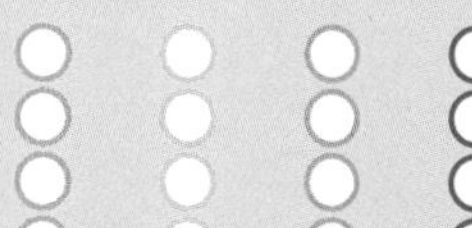

Habiter un littoral à vocation touristique (1)

❓ *Comment s'organise la station balnéaire de La Manga ?*

Je définis
Le **littoral** est la zone de contact entre l'espace maritime et l'espace terrestre.

Je définis
Une **station balnéaire** est une ville touristique en bord de mer.

Je situe

Document 1 La station balnéaire de La Manga del Mar Menor

1 Sur quel continent et dans quel pays se situe la station balnéaire de la Manga ?

....

2 Sur la photographie, dans les cases qui correspondent, écris le numéro des éléments et aménagements suivants :
❶ lagune • ❷ mer Méditerranée • ❸ plages • ❹ hôtels, immeubles résidentiels • ❺ piscine • ❻ route • ❼ port de plaisance • ❽ parking.

3 Colorie selon la légende les différents éléments du croquis.

4 Quelle est la principale activité économique à La Manga ?

....

5 Montrez que cet espace a été entièrement aménagé pour cette activité.

....

Document 2 Croquis de la station balnéaire de La Manga

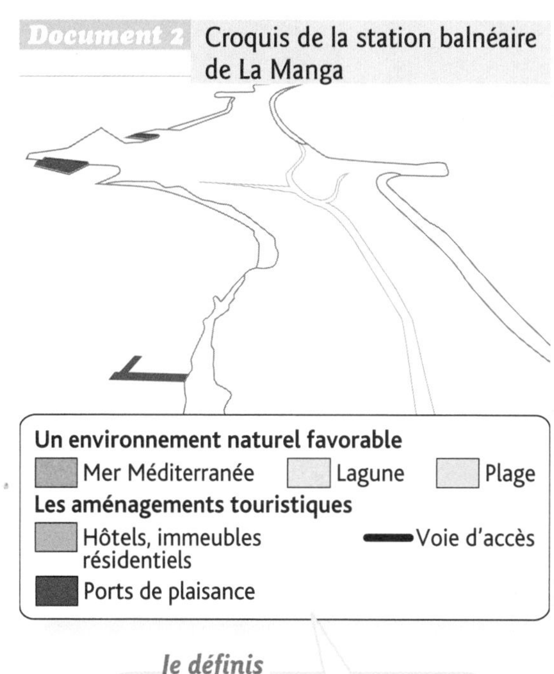

Un environnement naturel favorable
- Mer Méditerranée
- Lagune
- Plage

Les aménagements touristiques
- Hôtels, immeubles résidentiels
- Voie d'accès
- Ports de plaisance

Je définis
Une **lagune** est une étendue d'eau marine séparée de la mer par un cordon littoral.

Je m'évalue

Socle 1, 2, 5	Se repérer dans l'espace	→ 1 2 3	○	○	○	○
Socle 1, 2, 5	Pratiquer différents langages en géographie	→ 3	○	○	○	○
Socle 1, 2	Raisonner	→ 4 5	○	○	○	○
Socle 1	Maîtriser le vocabulaire	→ *Je définis*	○	○	○	○

Habiter un littoral à vocation touristique (2)

Quels sont les atouts et les problèmes de la station balnéaire de la Manga ?

1 À qui s'adresse cette affiche publicitaire et quel est son but ?

....

....

....

2 Sur l'affiche, écris le numéro qui correspond à chaque atout de La Manga :
❶ importante biodiversité • ❷ grande plage de sable fin • ❸ nombreuses activités nautiques • ❹ climat chaud et ensoleillé • ❺ beaux paysages.

3 Dans le texte, souligne en rouge les quatre conséquences négatives des aménagements sur l'environnement.

4 Quels équipements font défaut pour répondre aux besoins des nombreux touristes en été ?

....

....

....

5 Entoure dans le texte la phrase qui s'oppose à l'image positive de La Manga donnée par l'affiche.

Je définis

On appelle **biodiversité** la diversité des espèces animales et végétales.

6 Selon toi, que faudrait-il faire pour mieux concilier l'activité touristique et la sauvegarde de l'environnement ?

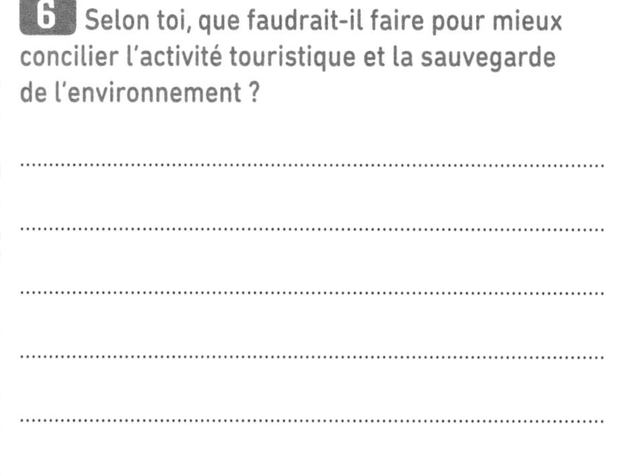

....

....

....

....

....

....

Document 1 Les atouts de La Manga

Traduction : « Semaines dynamiques pour la connaissance des ressources touristiques de La Manga del Mar Menor ».

Document 2 L'impact du tourisme sur le littoral de La Manga

« La construction de divers bâtiments pour l'hébergement des touristes a entraîné la disparition de dunes [...] et [...] un recul significatif des plages [...]. L'assèchement d'espaces lagunaires a eu pour effet la destruction de la biodiversité.

L'évacuation et le recyclage des déchets continuent d'être un important problème : les tuyauteries d'égouts et d'eau potable fuient. Les stations d'épuration trop peu nombreuses ne permettent pas d'éviter les rejets d'eau usées dans la mer et le milieu marin [...].

Durant les mois d'été, l'accumulation de déchets est tellement importante que les services de ramassage d'ordures se voient obligés de travailler vingt-quatre heures sur vingt-quatre. [...] Les camions poubelles et leur cortège d'odeurs n'offrent pas précisément la meilleure image de ce qui devrait être un espace de haute qualité touristique. »

D'après Francisco José Morales Yago, *Étude géographique* (vol. 74), UNED, juillet-décembre 2013, D.R.

Je m'évalue

Socle 1, 2	Comprendre un document	→ 1 2 3 4 5	○ ○ ○ ○
Socle 1, 2	Raisonner	→ 6	○ ○ ○ ○
Socle 1	Maîtriser le vocabulaire	→ *Je définis*	○ ○ ○ ○

Habiter un littoral à vocation industrialo-portuaire (1)

❓ *Comment s'organise la zone industrialo-portuaire de Rotterdam ?*

Je définis

Une **zone industrialo portuaire**, c'est un port où sont implantées des industries.

Document 1 La zone industrialo-portuaire du port de Rotterdam

❶ Mer du Nord ❷ Quai à conteneurs ❸ Grues ❹ Réservoirs de carburant ❺ Usines ❻ Route et voie ferrée ❼ Navires porte-conteneurs ❽ Bassins

Je situe

1 Entoure sur la carte « Je situe » le pays dans lequel se trouve le port de Rotterdam.

Je définis

Un **conteneur** est une boîte métallique facilitant le transport, le chargement et le déchargement des marchandises.

2 Quelles activités économiques sont visibles dans ce paysage ?

○ agriculture ○ industrie ○ commerce

3 À l'aide de la photographie, écris le numéro des éléments dans les cases correspondantes.

4 Dans la légende de la photographie :
– souligne les moyens de transport utilisés dans le port de Rotterdam ;
– entoure les équipements portuaires favorisant le transport maritime.

5 Comment sont transportées les marchandises ?

....

....

Document 2 Croquis de la zone industrialo-portuaire du port de Rotterdam

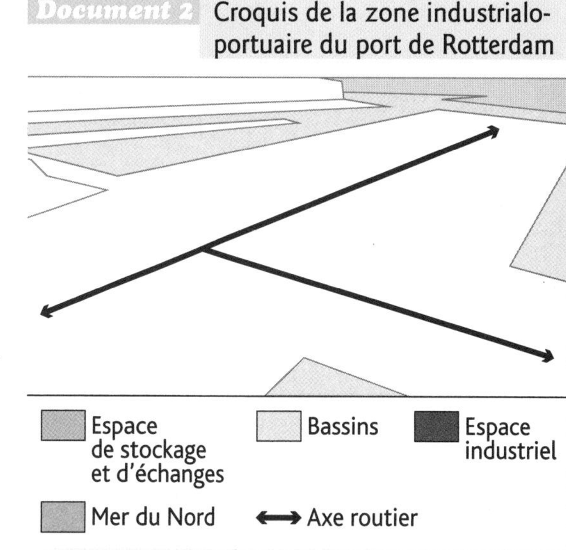

6 Colorie les différents éléments du croquis en respectant les couleurs de la légende.

Je m'évalue

Socle 1, 2	Comprendre un document	→ 2 3	○	○	○	○
Socle 1, 2, 5	Se repérer dans l'espace	→ 1 *Je situe*	○	○	○	○
Socle 1, 2, 5	Pratiquer différents langages en géographie	→ 4 5 6	○	○	○	○
Socle 1	Maîtriser le vocabulaire	→ *Je définis*	○	○	○	○

Habiter un littoral à vocation industrialo-portuaire (2)

Fiche 37

? *Comment fonctionne la zone industrialo-portuaire de Rotterdam ?*

1 Sur le document 1, entoure le nom de la façade maritime dont fait partie le port de Rotterdam.

Je définis
L'**embouchure** est le lieu où un fleuve se jette dans la mer.

2 À l'embouchure de quel fleuve se situe le port de Rotterdam ?

....

3 Par quels autres axes de transport le port de Rotterdam communique-t-il avec son arrière-pays ?

....

....

Je définis
Une **façade maritime** est un littoral où se concentrent de nombreux ports (ex. Northern Range).

4 Sur la carte, souligne le nom des États formant l'arrière-pays du port de Rotterdam.

5 Que peut-on dire de l'espace formant l'arrière-pays du port de Rotterdam ?

....

....

6 Avec quelles régions du monde, le port de Rotterdam est-il en relation ?

....

....

....

Je définis
L'**arrière-pays** est l'espace terrestre relié à une façade maritime.

Je définis
Un **oléoduc** est une canalisation transportant du pétrole.

7 Quelle est la nature du document 2 ?
○ une carte ○ un extrait d'un article de presse ○ un extrait d'un livre

8 Souligne dans le texte les activités du port qui dégradent l'environnement.

9 Quels produits polluants et dangereux pour l'écosystème sous-marin sont présents dans les ports ?

....

Document 1 Le port de Rotterdam, au cœur de la Northern Range

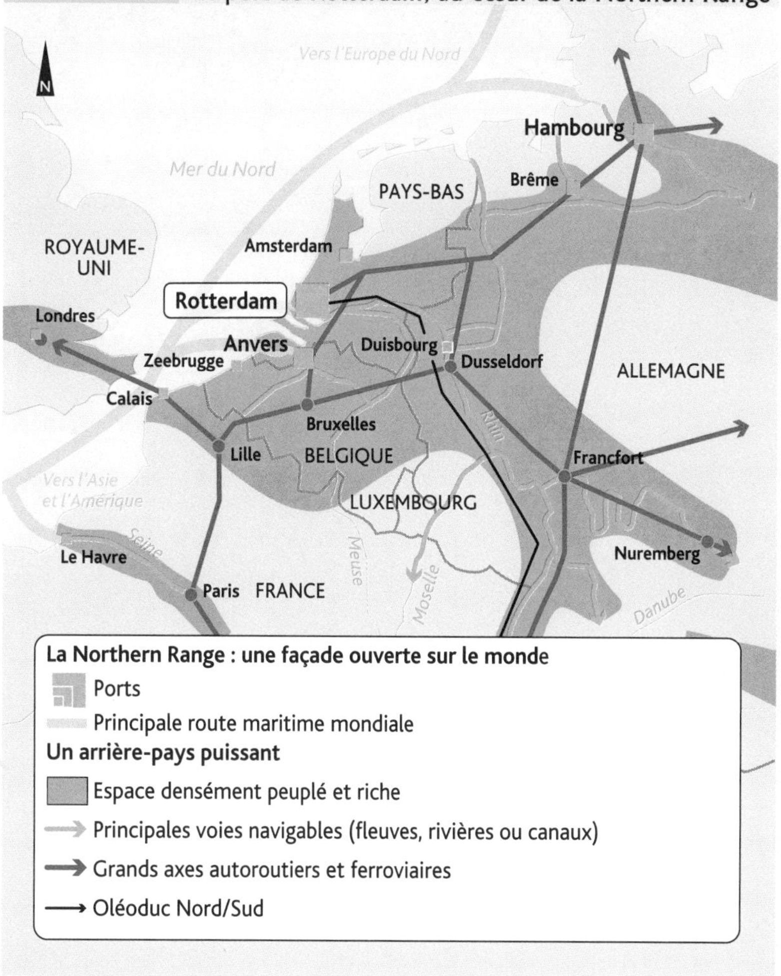

La Northern Range : une façade ouverte sur le monde
- Ports
- Principale route maritime mondiale

Un arrière-pays puissant
- Espace densément peuplé et riche
- Principales voies navigables (fleuves, rivières ou canaux)
- Grands axes autoroutiers et ferroviaires
- Oléoduc Nord/Sud

Document 2 Les ports, des « points noirs » environnementaux

« La liste des griefs[1] à l'encontre de l'industrie portuaire est longue. Il y a d'abord bien sûr les impacts liés directement à l'activité de stockage, d'entretien ou de déchargement des navires. Les émissions de poussière, [la production] de déchets, et le déversement souvent accidentel de produits toxiques [...] sont les principaux risques. Autre pratique souvent pointée du doigt, le dragage, une opération qui consiste à extraire les sédiments déposés au fond de l'eau. En plus de bouleverser l'écosystème sous-marin, les boues prélevées peuvent contenir des métaux lourds ou du pétrole. »

Lorène Lavocat, *www.Reporterre.net*, 4 juin 2014.

1. Reproches.

Je m'évalue

Socle 1, 2	Comprendre un document	→ 5 7 8 9	○	○	○	○
Socle 1, 2, 5	Se repérer dans l'espace	→ 2 4 6	○	○	○	○
Socle 1, 2, 5	Pratiquer différents langages en géographie	→ 1 3	○	○	○	○
Socle 1	Maîtriser le vocabulaire	→ Je définis	○	○	○	○

La répartition de la population mondiale

? *Où vivent les hommes sur la Terre ?*

Document 1 L'inégale répartition de la population mondiale

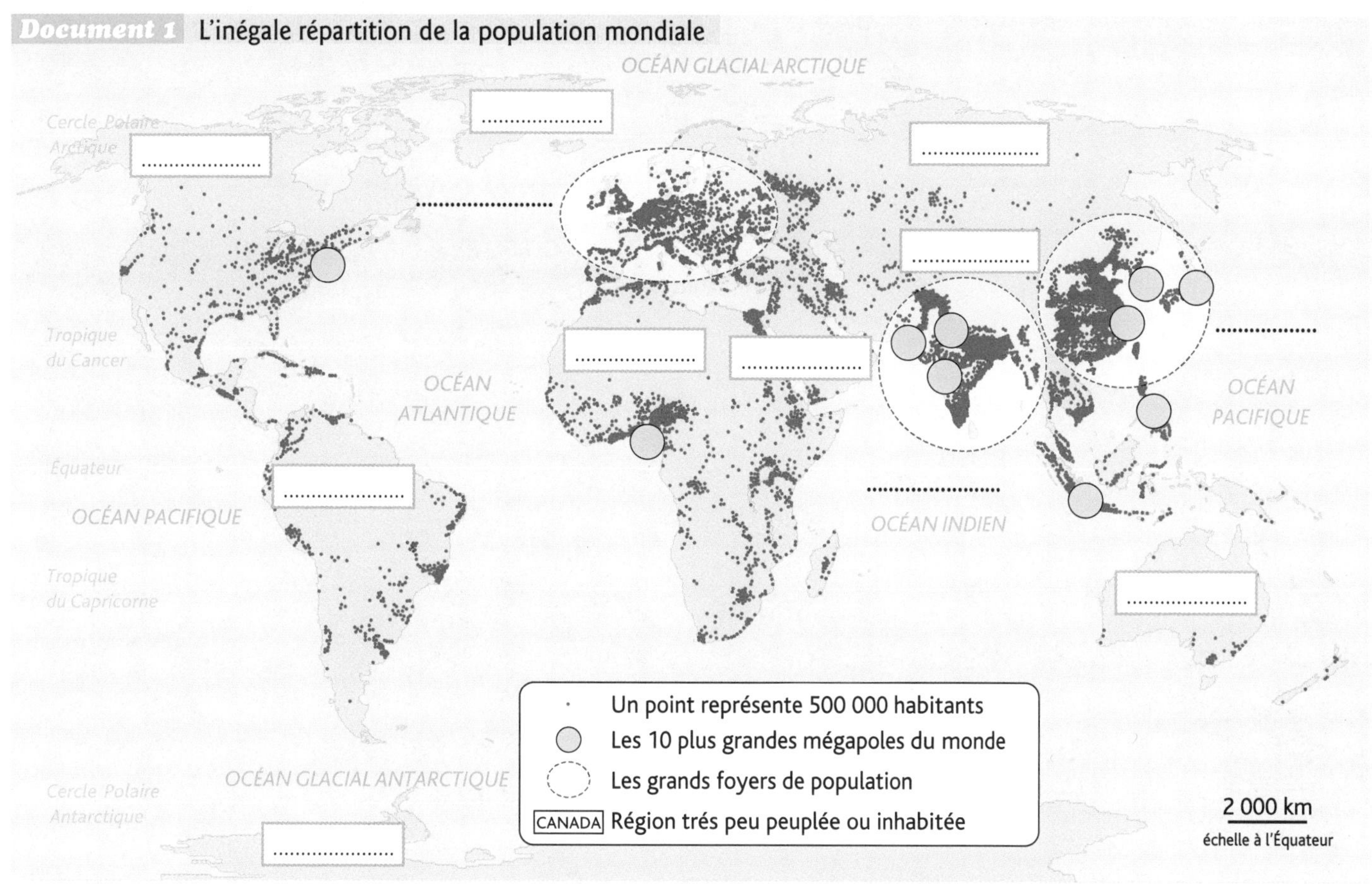

Rang	Mégapoles	Population (en millions d'hab.)
1	Tokyo (Japon)	42,8
2	Jakarta (Indonésie)	30,3
3	Séoul (Corée du Sud)	25,6
4	Karachi (Pakistan)	24,5
5	Shanghai (Chine)	24,3

Je définis
Une **mégapole** est une ville de plus de 10 millions d'habitants.

Rang	Mégapoles	Population (en millions d'hab.)
6	Manille (Philippines)	24,2
7	New York (États-Unis)	23,6
8	Lagos (Nigéria)	22,8
9	Mumbai (Inde)	22,9
10	Delhi (Inde)	21,7

Source : populationdata.net, 2015.

Je définis
Un **foyer de population** est une région du monde concentrant un grand nombre d'habitants.

1 Dans la légende du planisphère, entoure à quoi correspond un point sur la carte.

2 Sur la carte et en légende, entoure en vert les trois principaux foyers de population puis écris leur nom.
Asie du Sud • Asie de l'Est • Europe

3 En t'aidant des tableaux, reporte sur la carte les numéros des dix plus grandes mégapoles du monde dans la puce qui convient.

4 En t'aidant de ton manuel, écris sur la carte le nom des régions ou pays peu peuplés en raison de leurs contraintes naturelles :
Groenland • Amazonie • Australie • Sibérie • Antarctique • Canada • Sahara • Himalaya • Arabie.

5 D'après la carte, pourquoi peut-on dire que la population du monde est inégalement répartie ?

....

....

Je m'évalue

Socle 1, 2	Comprendre un document	→ 5	○	○	○	○
Socle 1, 2, 5	Se repérer dans l'espace	→ 2 3 4	○	○	○	○
Socle 1, 2, 5	Pratiquer différents langages en géographie	→ 1	○	○	○	○
Socle 1	Maîtriser le vocabulaire	→ *Je définis*	○	○	○	○

Les dynamiques de la population mondiale

Fiche 39

Comment évolue le nombre d'habitants dans le monde ?

1 Quelle est la nature du document 1 ?

○ une carte ○ un schéma ○ un graphique en courbe

2 De combien de milliards d'habitants la population mondiale a-t-elle augmenté :

– entre 1850 et 1950 ? .... milliards d'habitants.

– entre 1950 et 2015 ? .... milliards d'habitants.

3 À partir de quelle année cette augmentation est-elle devenue plus rapide ? Souligne cette date sur le document 1.

4 Entoure sur le document 1, le nombre d'habitants du monde en 2015.

5 Sur le planisphère, à l'aide du tableau et de la légende, colorie chaque région du monde selon son pourcentage d'augmentation de population.

Document 1 L'augmentation de la population de 1850 à 2015

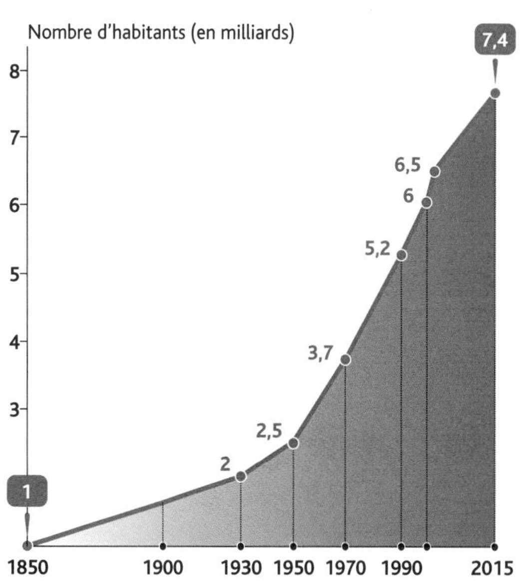

Source : *World population prospects*, Nations unies, 2015.

6 En 2015, quelle région du monde a connu l'augmentation de population :

– la plus forte ? ....

– la plus faible ? ....

Document 2 L'inégale augmentation de la population dans le monde

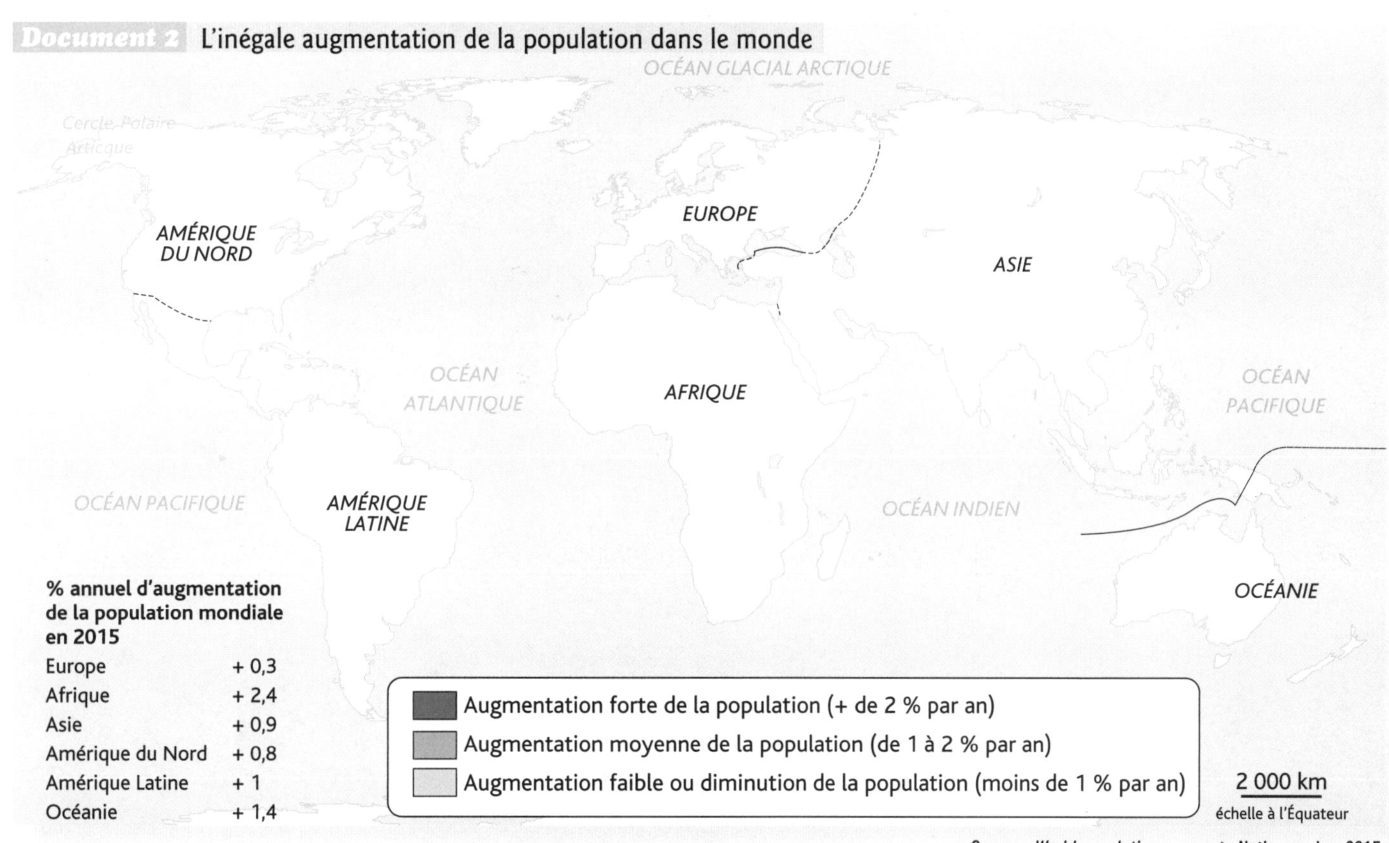

% annuel d'augmentation de la population mondiale en 2015

Région	%
Europe	+ 0,3
Afrique	+ 2,4
Asie	+ 0,9
Amérique du Nord	+ 0,8
Amérique Latine	+ 1
Océanie	+ 1,4

Source : *World population prospects*, Nations unies, 2015.

Je m'évalue

Socle 1, 2	Comprendre un document	→ 1 2	○	○	○	○
Socle 1, 2, 5	Se repérer dans l'espace	→ 5 6	○	○	○	○
Socle 1, 2, 5	Pratiquer différents langages en géographie	→ 3 4 5 6	○	○	○	○

Se repérer dans l'espace

Connaître des grands repères géographiques et localiser les paysages étudiés

1 Complète le planisphère et la légende en écrivant : le nom des lignes remarquables • le nom des points cardinaux sur la rose des vents • le nom des cinq continents • le nom des cinq océans.

Noms des lignes remarquables

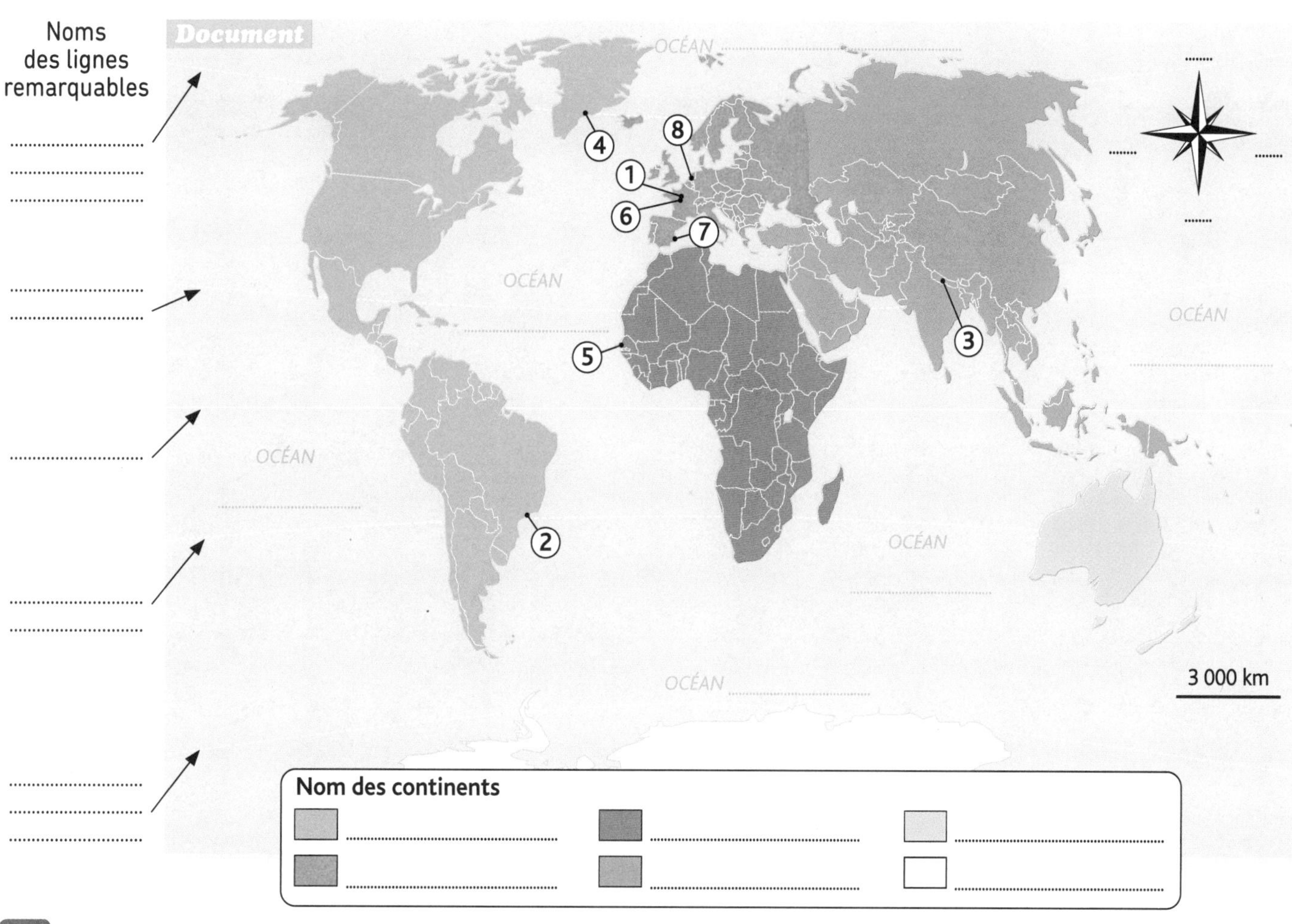

Nom des continents

2 Localise les paysages étudiés numérotés de 1 à 8 et complète le tableau.

	Nom du paysage	Pays	Continent
1 Fiche 21			
2 Fiche 23			
3 Fiche 26			
4 Fiche 28			
5 Fiche 30			
6 Fiche 32			
7 Fiche 34			
8 Fiche 36			

Je m'évalue

Socle 1, 2, 5 Se repérer dans l'espace → 1

Socle 1, 2, 5 Pratiquer différents langages en géographie → 2

La découverte du collège

? *Qu'est-ce que le collège ? Comment est-il organisé ?*

1 **Avec l'aide de ton professeur découvre l'organisation de ton collège en écrivant dans les bonnes cases les personnels et autres acteurs intervenant dans l'établissement à l'aide de la liste suivante.**

Principal(e) et Principal(e) adjoint(e) • Secrétaire d'administration • Intendant(e) • Secrétaire d'intendance • CPE (Conseiller(ère) principal(e) d'éducation) • Assistant(e)s d'éducation • Professeur(e) principal(e) • Professeur(e)s • Médecin scolaire • Infirmier(ère) • Association sportive • Association des parents d'élèves.

Document L'organisation du collège

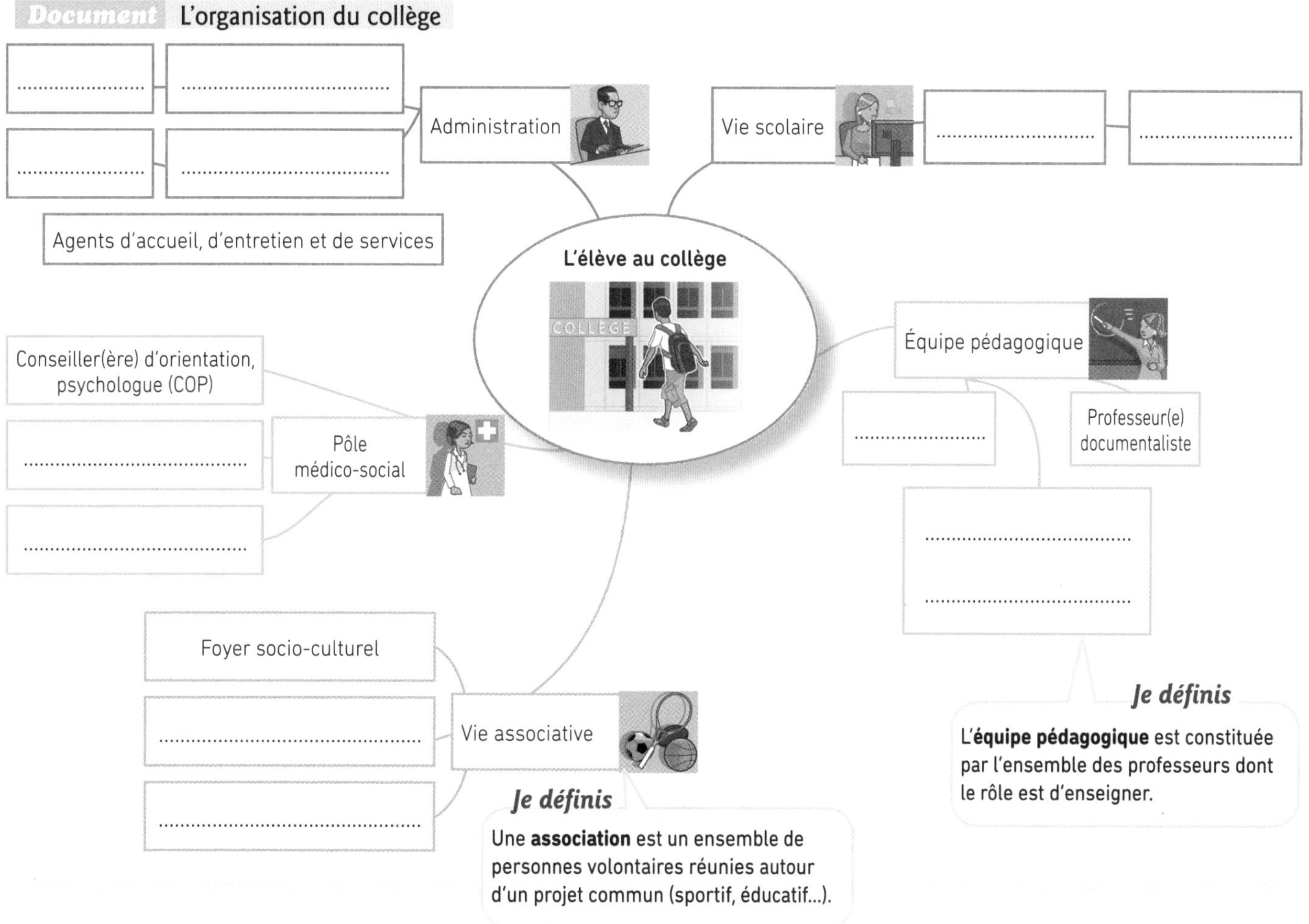

Je définis

Une **association** est un ensemble de personnes volontaires réunies autour d'un projet commun (sportif, éducatif...).

Je définis

L'**équipe pédagogique** est constituée par l'ensemble des professeurs dont le rôle est d'enseigner.

2 **Relie chaque situation à la personne à qui tu dois t'adresser.**

Situations	**Personnes à qui s'adresser**
Auprès de qui je justifie une absence ? •	• Le professeur principal ou un autre professeur
À qui je m'adresse en cas de difficulté personnelle ? •	• Le (la) CPE
Si je me blesse, qui vais-je voir ? •	• L'infirmier(ère)
À qui puis-je poser des questions sur l'orientation ? •	• L'intendant(e)
À qui vais-je donner le chèque de paiement de la cantine ? •	• Le (la) COP
Avec qui mes parents prennent-ils rendez-vous pour parler de ma scolarité ? •	• L'assistant(e) social(e)

Je m'évalue

Socle 3	La sensibilté		○ ○ ○ ○
	Le droit et la règle		○ ○ ○ ○
Socle 1	Maîtriser le vocabulaire	→ *Je définis*	○ ○ ○ ○

Bien vivre ensemble au collège

Fiche 42

? *Quelles valeurs permettent de bien vivre et d'étudier ensemble ?*

Je définis

Les **valeurs** sont les principes fondamentaux qui guident la vie en collectivité.

Document 1 Un droit pour tous

Article 26 de la Déclaration Universelle des Droits de l'Homme.

1 Sur le document 1, souligne le nom de la déclaration qui affirme le droit à l'éducation pour tous.

2 Selon toi, pourquoi est-ce un droit important ?

....

....

Document 2 La laïcité à l'école

« À l'école, ce principe de neutralité permet de vivre et de travailler tous ensemble. C'est pourquoi en 2004 une loi y interdit le port de tenues et signes religieux. »

3 Sur le document 2, entoure le principe mis en avant.

4 Souligne, ce que la loi interdit au nom de ce principe.

5 Selon toi, pourquoi cette interdiction est-elle importante pour que tous les enfants puissent vivre et travailler ensemble ?

....

....

Document 3 Pour la mixité sociale dans les collèges

6 Sur le document 3, quelle situation le dessinateur montre-t-il ?

....

....

7 Selon toi, pourquoi la mixité sociale est-elle souhaitable à l'école ?

Je définis

La **mixité sociale** consiste à rassembler dans un même collège des élèves de milieux sociaux différents.

....

....

....

8 Activité en groupe **Créez une affiche défendant les valeurs de l'école dans votre collège.**

Par petits groupes de travail :
- préparez le slogan : trouvez des mots évoquant une valeur qui vous paraît importante à défendre. Le slogan doit être court (une phrase au maximum) ;
- choisissez ou dessinez une illustration pour accompagner le slogan.

Conseil : Pensez à varier la typographie (caractères et taille des lettres, gras, couleurs, orientation du texte...).

Je m'évalue

Socle 3	La sensibilté		○ ○ ○ ○
	Le droit et la règle		○ ○ ○ ○
	Le jugement		○ ○ ○ ○
Socle 1	Maîtriser le vocabulaire	→ *Je définis*	○ ○ ○ ○

Comprendre les règles au collège

Fiche 43

❓ *Quelles sont les règles à respecter au collège ?*

Je définis
Les **règles** sont les lois du collège qui sont inscrites dans le règlement intérieur.

Document Des règles pour vivre et travailler ensemble

1 ....

2 ....

3 ....

4 ....

5 ....

6 ....

Légende : Interdiction Droit Obligation

1 Sur le document, décris en une phrase chaque situation qui est illustrée.

2 À l'aide de la légende, colorie le numéro de chaque situation, selon qu'il s'agit d'une interdiction, d'un droit ou d'une obligation.

3 Qu'est-ce que prévoit le règlement intérieur si un élève ne respecte pas les règles ?

....

4 Dans le règlement intérieur de ton collège, recherche des exemples de punition ou de sanction pour quatre cas illustrés dans le document.

- Situation n° 1 : ....
- Situation n° 3 : ....
- Situation n° 5 : ....
- Situation n° 6 : ....

Je définis
Les **punitions** concernent les manquements mineurs aux obligations des élèves.

Je définis
Les **sanctions** concernent des cas plus graves d'atteinte aux personnes ou aux biens.

5 Pourquoi des punitions ou des sanctions sont-elles parfois nécessaires ?

....

....

Je m'évalue

Socle 3	La sensibilté		○	○	○	○
	Le droit et la règle		○	○	○	○
	L'engagement		○	○	○	○
Socle 1	Maîtriser le vocabulaire	➜ *Je définis*	○	○	○	○

Participer à l'élection des délégués de classe

Fiche 44

Quel est le rôle d'un délégué? Comment est-il élu ?

Document 1 Élection des délégués de classe : mode d'emploi

- *1 classe = 2 délégués + 2 suppléants*
- *Tout élève peut être candidat.*
- *Un élève non candidat peut être élu.*
- *Tout élève est électeur.*
- *L'élection a lieu à bulletins secrets : majorité absolue exigée au 1er tour et majorité relative au 2e tour. En cas d'égalité des voix, le plus jeune est élu.*
- *Mandat d'une durée d'1 an.*

Je définis

La **majorité absolue** est composée de la moitié des voix plus une.

Je définis

La **majorité relative** correspond au plus grand nombre de voix obtenues par un candidat.

1 D'après le document 1, qui peut se présenter à l'élection des délégués ?

....

....

2 Qui participe au vote ?

....

3 Combien de délégués sont élus dans une classe et pour quelle durée ?

....

....

4 Sur le document 1, souligne les modalités du vote.

5 Que se passe-t-il en cas d'égalité des voix entre deux candidats ?

....

....

6 Sur le document 2, entoure les phrases qui définissent ce que doit être un bon délégué de classe.

7 Cite cinq qualités qu'un délégué de classe doit avoir selon toi.

- ....
- ....
- ....
- ....
- ....

Document 2 Être délégué, c'est quoi ?

Être le porte-parole de tous les élèves

Être capable de donner un exemple positif

Être celui qui répond aux professeurs

Être chef de classe

Être responsable de tout ce qui se passe dans la classe

Être celui qui ne défend que ses amis

Être celui qui participe aux conseils de classe

ÊTRE L'INTERMÉDIAIRE ENTRE LES ÉLÈVES ET LES ADULTES

Je m'évalue

Socle 3	Le droit et la règle		○ ○ ○ ○
	L'engagement		○ ○ ○ ○
Socle 1	Maîtriser le vocabulaire	→ *Je définis*	○ ○ ○ ○

Les droits de l'enfant

Fiche 45

? *Quels sont les droits de l'enfant et comment sont-ils garantis ?*

Document 1 La reconnaissance des droits de l'enfant

« Le 20 novembre 1989, l'Organisation des Nations unies (ONU) adoptait à l'unanimité la Convention Internationale des Droits de l'Enfant (CIDE) : les droits de chaque enfant du monde étaient désormais reconnus par un traité international, ratifié depuis par 195 États.
Le 20 novembre est devenu la journée internationale des droits de l'enfant. »

http://www.unicef.fr, 2016.

Je définis
Une **convention internationale** est un accord par lequel plusieurs pays s'engagent à respecter des droits.

Je définis
Ratifier, c'est confirmer un traité signé et s'obliger à le respecter.

1 D'après le document 1, quel est le texte international reconnaissant les droits de l'enfant ?

....

....

2 Souligne qui est l'auteur de cette convention et la date de son adoption.

3 Combien de pays ont ratifié cette convention à ce jour ?

....

4 Souligne le nom de l'organisation internationale qui est à l'origine du document 2.

5 Pour quelle occasion cette affiche a-t-elle été réalisée ?

....

....

....

6 Sur l'affiche, écris la lettre correspondant aux différents types de droits dus à chaque enfant.
- **A.** Les droits à la naissance
- **B.** La protection due à chaque enfant
- **C.** Les libertés.

Document 2 La journée des droits de l'enfant

TU AS DES DROITS

unicef

... TU AS LE DROIT D'AVOIR UNE IDENTITÉ

TU AS LE DROIT D'AVOIR UNE FAMILLE ...

... TU AS LE DROIT D'AVOIR DES LOISIRS

TU AS LE DROIT À L'ÉDUCATION ...

... TU AS LE DROIT D'ÊTRE PROTÉGÉ CONTRE LES MAUVAIS TRAITEMENTS

... TU AS LE DROIT DE T'EXPRIMER ET D'ÊTRE ÉCOUTÉ

... TU AS LE DROIT D'ÊTRE INFORMÉ

TU AS LE DROIT D'ÊTRE SOIGNÉ ET DE GRANDIR EN BONNE SANTÉ ...

... TU AS LE DROIT D'ÊTRE PROTÉGÉ DE TOUTE DISCRIMINATION

... TU AS LE DROIT DE NE PAS SUBIR LA GUERRE

Affiche de l'Unicef réalisée à l'occasion de la journée des droits de l'enfant.

7 @ Va sur le site www.unicef.fr, clique sur l'onglet « Comprendre » puis « Découvrir l'Unicef » et recherche les informations suivantes.
- Qu'est-ce que l'Unicef, sa date de création et ses objectifs ?

....

- Indique trois domaines d'intervention de l'Unicef.

....

8 Activité en groupe **Présentez l'Unicef et une action menée en faveur des enfants.**

Par petits groupes de travail :
- présentez l'organisation à l'aide du site Internet (logo, images) ;
- choisissez un droit de l'enfant que vous souhaiteriez défendre ;
- imaginez une action qui pourrait être menée en faveur de ce droit.

Je m'évalue

Socle 3	Le droit et la règle		○	○	○	○
	Le jugement		○	○	○	○
Socle 1	Maîtriser le vocabulaire	→ *Je définis*	○	○	○	○

Égalité filles – garçons

? *Comment promouvoir l'égalité et le respect entre filles et garçons ?*

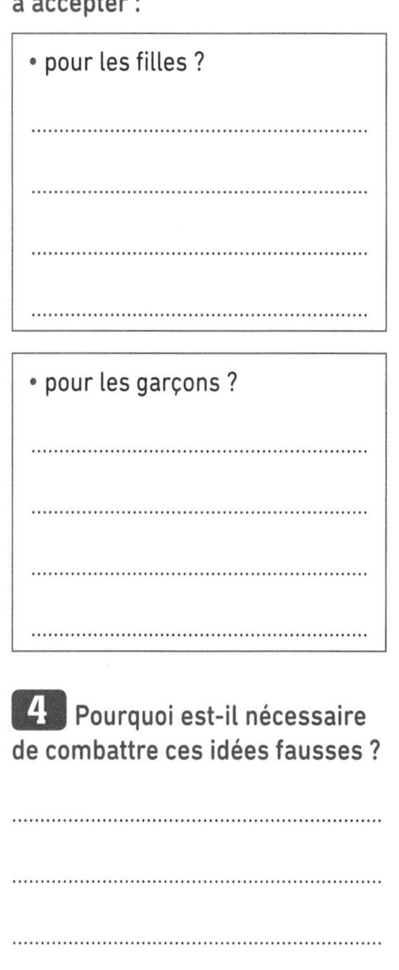

1 Souligne ce qu'est un stéréotype.

2 Entoure l'illustration montrant les principaux stéréotypes à combattre.

3 D'après le document, qu'a-t-on encore du mal à accepter :

• pour les filles ?

....

....

....

....

• pour les garçons ?

....

....

....

....

4 Pourquoi est-il nécessaire de combattre ces idées fausses ?

....

....

....

....

....

Document Combattre les stéréotypes

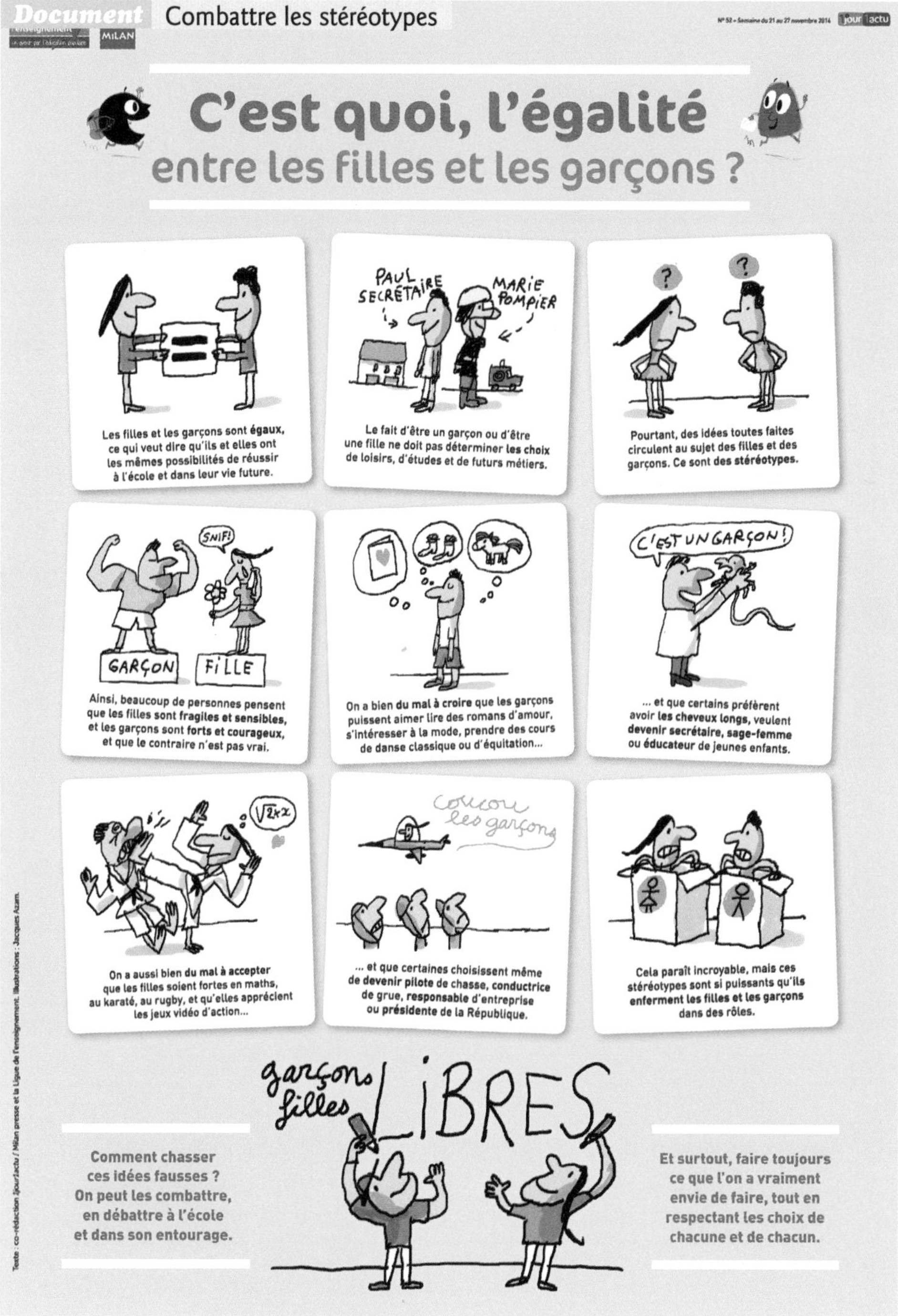

C'est quoi, l'égalité entre les filles et les garçons ?

Les filles et les garçons sont **égaux**, ce qui veut dire qu'ils et elles ont les mêmes possibilités de réussir à l'école et dans leur vie future.

Le fait d'être un garçon ou d'être une fille ne doit pas déterminer **les choix** de loisirs, d'études et de futurs métiers.

Pourtant, des idées toutes faites circulent au sujet des filles et des garçons. Ce sont **des stéréotypes.**

Ainsi, beaucoup de personnes pensent que les filles sont **fragiles et sensibles**, et les garçons sont **forts et courageux**, et que le contraire n'est pas vrai.

On a bien **du mal à croire** que les garçons puissent aimer lire des romans d'amour, s'intéresser à la mode, prendre des cours de danse classique ou d'équitation…

… et que certains préfèrent avoir **les cheveux longs**, veulent **devenir secrétaire, sage-femme** ou **éducateur** de jeunes enfants.

On a aussi bien **du mal à accepter** que les filles soient fortes en maths, au karaté, au rugby, et qu'elles apprécient les jeux vidéo d'action…

… et que certaines choisissent même de **devenir pilote** de chasse, **conductrice** de grue, **responsable** d'entreprise ou **présidente** de la République.

Cela paraît incroyable, mais ces stéréotypes sont si puissants qu'ils **enferment les filles et les garçons** dans des rôles.

Comment chasser ces idées fausses ? On peut les combattre, en débattre à l'école et dans son entourage.

Et surtout, faire toujours ce que l'on a vraiment envie de faire, tout en respectant les choix de chacune et de chacun.

Texte : co-rédaction 1jour1actu / Milan presse et la Ligue de l'enseignement. Illustrations : Jacques Azam.

Poster réalisé par Milan Presse et la Ligue de l'enseignement en faveur de l'égalité filles-garçons.

5 Activité en groupe Réalisez une affiche contre les inégalités filles-garçons.

Par petits groupes de travail :
- préparez le slogan : trouvez des mots évoquant une valeur qui vous paraît importante à défendre. Le slogan doit être court (une phrase au maximum) ;
- choisissez ou dessinez une illustration pour accompagner le slogan.

Conseil : Va sur le site Internet http://prixjeunessepourlegalitehomfem.tumblr.com et observe des affiches réalisées par des jeunes contre ces stéréotypes.

Je m'évalue

Socle 3	La sensibilité	○ ○ ○ ○
	Le droit et la règle	○ ○ ○ ○
	Le jugement	○ ○ ○ ○

Être responsable et agir pour l'environnement

? *Comment devenir un citoyen « éco-responsable » ?*

Je définis

Un(e) **bénévole** est une personne qui s'investit gratuitement dans une action ou activité.

1 Présente le document en indiquant sa nature, son auteur et sa source.

....

....

....

....

2 Entoure qui est Roxane.

3 Dans quelle organisation s'est-elle engagée et pour quelles raisons ?

....

....

....

....

....

....

....

....

4 Souligne l'action concrète à laquelle elle participe.

Document Agir pour la planète

Roxane, 13 ans, bénévole écolo de la Croix-Rouge

© Yanaka pour *L'Actu*, 14-16 nov. 2015.

Les faits

Plus de 800 jeunes de la Croix-Rouge mènent aujourd'hui en France une cinquantaine d'actions en faveur de l'environnement. Parmi les participants, Roxane, une ado de 13 ans de Montpellier.

Elle a dit

• **Écolo.** « J'ai rejoint les jeunes de la Croix-Rouge il y a un mois. Leurs actions écolos me touchent. Mes parents aiment l'écologie. Nous n'avons pas de micro-ondes, nous privilégions les transports en commun, nous mangeons bio... Je suis devenue végétarienne après avoir vu des documentaires sur les abattoirs. J'ai peur pour l'avenir de la planète. »

• **Déchets.** « Aujourd'hui, nous allons à la pêche aux déchets en canoë, sur le Lez. J'habite près de ce fleuve et je suis ravie de le rendre enfin propre. Cela va aussi me permettre de rencontrer des jeunes partageant mes idées. »

• **Génération.** « Dans mon collège, certains ne s'intéressent pas à l'écologie. J'ai l'impression de faire partie d'une génération qui s'en fiche, persuadée que les adultes vont tout arranger. Qu'aura-t-on plus tard si on ne fait rien ? Que laisserons-nous ? Un monde pourri. »

E. Roulin, *L'Actu*, 14-15-16 novembre 2015.

5 Comment le dessinateur montre-t-il l'importance de cette action ?

....

....

6 Que penses-tu de l'avis de Roxane sur sa génération ? Argumente ta réponse.

....

....

....

Je m'évalue

Socle 3	La sensibilité		○	○	○	○
	L'engagement		○	○	○	○
	Le jugement		○	○	○	○
Socle 1	Maîtriser le vocabulaire	→ *Je définis*	○	○	○	○

S'engager dans une action de solidarité

Fiche 48

? *Comment s'engager et exprimer sa solidarité envers les autres ?*

Je définis

Une **association** est un groupement de personnes unies pour mener une action commune.

Document Une association créée par des jeunes

Qui sommes-nous ?

Six jeunes lillois de 13 à 18 ans, membres du comité de jumelage du Conseil municipal d'enfants de la ville de Lille.

Notre objectif

Partir au Sénégal rencontrer nos homologues du Conseil municipal d'enfants de Saint-Louis afin de mener des actions de solidarité et de citoyenneté avec eux.

Nos projets avec le CME de Saint-Louis

- Réaliser une exposition d'œuvres d'art à partir de déchets afin de sensibiliser au recyclage
- Peindre une fresque sur le mur d'une école pour promouvoir les droits de l'enfant
- Organiser un tournoi sportif au profit des enfants des rues de Saint-Louis

La junior association Tio Xale

Elle a été créée en octobre 2014 afin de nous permettre de mener des actions d'auto-financement pour mener à bien notre projet.

....

....

....

....

....

....

D'après www.anacej.fr

1 Sur le document, souligne qui sont les jeunes à l'initiative de ce projet.

2 Quel est l'objectif de l'association Tio Xale ?

....

....

....

....

....

3 Légende chaque photographie prise au Sénégal qui montre la réalisation de leurs projets.

4 Si tu t'engageais dans une action de solidarité, quelle cause voudrais-tu défendre, sous quelle forme et pour quelles raisons ?

....

....

....

....

Je m'évalue

Socle 3	La sensibilité		○	○	○	○
	L'engagement		○	○	○	○
	Le jugement		○	○	○	○
Socle 1	Maîtriser le vocabulaire	→ *Je définis*	○	○	○	○

Achevé d'imprimer en Italie par L.E.G.O. S.p.A., Lavis (TN)
Dépôt légal : 02007-8/02 - Août 2016